격 없는 우정

**일러두기**
- 책, 잡지는 《 》, 영화, 다큐멘터리, 드라마, 노래는 〈 〉, 시, 에세이 등의 편명은 「 」로 표기했습니다.
- 책에 나온 인용문은 저작권자의 허락을 받았으나 일부 연락이 닿지 못한 경우가 있습니다. 추후 저작권자와 연결되는 즉시 정당한 절차를 밟겠습니다.
- 일부 단어와 쉼표는 저자의 표현을 살리기 위해 그대로 표기했습니다.

어딘(김현아) 산문

# 격 없는 우정

경계를 허무는
관계에 대하여

클랩북스

**들어가며**

## 시절인연, 모두가 모두에게
## 별이고 행성이고 위성이었던

매주 사오십 명의 사람들을 만난다. 3년 정도 된 거 같다. 어린이부터 청소년, 청장년까지 다양한 연령대의 사람들과 지속적으로 회동한다. 서울은 물론이고 파주, 대구, 무안, 영암, 제주, 런던, 시애틀, 민스크, 하노이, 바르샤바에 사는 사람들이 동참한다. 종종 독일이나 멕시코, 벨기에에 사는 사람들이 올 때도 있다. 글방 이야기다. 나는 어딘글방에서 글을 매개로 이토록 다양한 사람들을 매주 혹은 격주로 본다. 줌에서 모일 때가 많지만 종종 오프라인에서도 만난다. 특히 외국에 살고 있는 글방러들이 오랜만에 귀국할 때면 반드시 만나 회포를 푼다. 회포래야 직접 만나 얼굴 보며 합평하고(글방에서 모인 사람들이라 곧 죽어도 합평은 한다), 아니 이렇게 훤칠하단 말이야 늘 상반신만 보니 알 수가 있어야지, 깔깔 뭐 그런 이야기를 주고받으며 차 마시고 밥 먹으며 수다를 떠는 정도다. 두 시간 온라인 글방에선 진지하고 심각한 얼굴로 앉아있던 사람들이 막상 만나면 하하하 호호호 원 없이 웃고 떠든다. 오프라인 모임은 1년에 두어 번 있는 귀한 기회라 잠시 글방을 쉬는 사람들도 참여한다. 글방의 자장 안에 있는 사람이라면 누구나 와도 되는 느슨하고 정다운, 불규칙적인 모임이다.

글을 읽는다는 건 글 속에 등장하는 인물들과도 만나는 일이라 여자, 남자, 게이, 레즈비언, 아픈 사람, 중독자, 임산부, 암 투병을 하는 사람, 산불로 삶의 터전을 잃은 사람, 이미 죽은 엄마, 중국인 청소년, 혼수상태의 시동생, 발리의 서핑 강사, 네덜란드의 노숙자, 초경을 시작한 소녀, 완경에 이른 여자까지 일주일 동안 참으로 다양한, 이승은 물론 저승의 사람들과도 접속하게 된다. 인물들은 글 속에서 연애도 하고 이혼도 하고 전세 사기도 당하고 운전면허를 따고 여행도 하고 농사도 짓고 늙고 병든 부모를 돌보고 큰 수술을 하고 아이를 키운다. 고양이와 함께 살고 꿀벌의 삶에 관심을 갖고 AI를 다루고 화성 이주와 외계인의 방문을 상상하기도 한다. 경이로운 건 모오든 글이 다 다르다는 거다. 하늘 아래 같은 글은 맙소사, 없다. 오랜 시간 글방을 운영했지만 단 한 번도 지루한 적 없는 까닭이라면 까닭이다. 글은 매주 다이내믹하고 매주 낯설고 매주 웃기고 매주 상상을 넘어서고 매주 아.프.다. 놀랍고도 기이하고 황홀하지 않은가, 라고 나는 종종 생각한다. 그 중심에는 자신과 가족과 이웃과 뭇 생명의 사연을 생생하고 격렬하고 섬세하게 재현하는 글방러들이 있다. 작고 사소하고 보잘것없고 비루한 경험과 기억은 글방러들의 손을 거쳐 반짝이는 눈부신 귀하고도 중한 이야기, 로 다시 태어난다. 그리고, 데이터로 저장된다.

한동안 글방을 안 하던 시절이 있었는데 여행학교를 하게 되면서다. 창의적글쓰기(어딘글방의 전신)를 하는 중에 여행학교 로드스꼴라를 설립했다.

'여행은 '다른' 세상과 만나 다양한 관계를 이해하고 또 하나의 길을 찾는 만남과 배움의 장입니다. 이곳이 아닌 저곳에서 다시 '이곳'을 바라볼 수 있는 시선이 생기고, 언어와 역사와 배경이 다른 사람과도 천만 개의 공감을 나누고, 자아가 확장되는 풍요로운 경험을 통해 경계를 넘나드는 세계인으로 성장하는 데 여행은 반드시 필요한 '학교'입니다.'라는 홍보문을 내보내고 누가 올까 걱정했지만 예상과 달리 많은 청소년이 지원했다. 여행학교니 가볍게 다녀볼까 싶어 왔다가, 진실로 '빡세게' 공부하는 학교더라 나중에 소문이 났지만, 그래도 해마다 볼살이 빵빵하고 반짝반짝 눈이 빛나는 청소년들이 찾아왔다. 여행으로 청소년들을 꼬셔 본격적으로 공부를 하고 싶었으므로 어절씨구, 나는 신명이 났다. 학교를 열기에 좋은 시점이었다. 충분히 나이 들어서 사춘기 소년 소녀들이 어떤 일을 해도 그러려니 이뻤다. 로드스꼴라, 어린이로드스꼴라, 주말로드스꼴라, 어른들을위한로드스꼴라, 레츠피스 개벽학당…. 요구와 필요에 따라 유연하게 늘리고 넓혀가며 넘치게 일했다. 끝내주게, 재미있었다. 우즈베키스탄 카자흐스탄 러시아 독일 볼리비아 페루 아르헨티나 영국 일본 네팔 하와이 폴란드 베트남…. 세계를 주유하고 잡지를 만들고 연극을 올리고 영화를 제작하고 책을 냈다. 그 모든 일을 야리, 고운, 아띠, 자리타, 제제, 결, 가재, 아산떼, 플로로 수많은 청소년과 함께 했다. 물론 기꺼이 자신의 경험과 네트워크와 마음과 몸을 내어주신 현지의 수많은 선생님들의 도움이 있었기에 가능한 일이었다. 전 우주와 기운을 나누며 일한 시간이었다, 고 주접을 떨어도 부디 너그럽게 이해해 주길.

 회의를 할 때는 최고의 상상력이 발휘되고 현실에선 그 상상을 넘어서는 결과물이 나왔다. 마음껏 실험하고 변주하고 무한정 확장했다. 작은 실마리가 창대한 결과를 낳기도 했다. 여행은 치밀하게 계획해도 현장에선 변수가 일어난다. 그 위기마저 기꺼이 즐거웠다. 합이 맞는 사람들과 일하는 기쁨을 호사를 원 없이 누렸다. 핀란드의 사우나와 호수, 몽골의 초원과 바람, 시베리아 횡단열차, 사마르칸트의 햇빛, 잉카의 돌담, 황막하기 이를 데 없는 폭풍의 언덕, 이구아수 폭포의 거대한 물보라…. 그곳에 그들과 함께 있었다. 멋진 여자들과 일하는 건 얼마나 황홀한가. 멋진 남자들과 손잡는 건 얼마나 든든한 일인가. 멋진 이국의 친구들과 연대하는 건 얼마나 두근두근한 일인가. 멋진 이종의 생명들을 만나는 건, 경외와 기도의 시간, 우주의 춤을 보는 순간이다. 우주조차 없는 우주에서. 돌아보면 세상의 모오든 것들과 우정을 나눈 시간이었다. 밤하늘의 별, 바람에 서걱이는 나뭇잎, 유장하게 흐르던 강물, 이미 죽은 사람들, 그들이 남긴 이야기, 달콤한 초콜릿, 노란 콜라, 아침을 깨우던 새들, 기숙사에 숨어들던 쥐, 간곡한 종소리, 바람에 넘실거리던 청보리, 그리고 나의 동지들. 모두가 모두에게 별이고 행성이고 위성이었던.

  이 글은 글방과 글방 이외의 영역에서 내가 만난, 생명력 넘치면서도 참으로 웃긴 어린이들, 삐딱하지만 의젓한 청소년들, 용감한 여자들, 다정한 남자들, 환대로 맞아준 이국의 친구들, 근사한 이종의 생명들과 도와 덕을 갈고닦은 시절인연에 대한 이야기다. 인류가 경험해보지 못한 시간들이 다가올 것이고 그 시공간을 살아낼 마음과 몸의 준비를 해야 할 시기, 끝끝내 심중에 두어야 할 한 마디는 무엇인가, 어떠한 조건 하에서도 사랑하고 꿈꾸고 맹세하고 기약하며 우아하고 근사하게 인간의 길을 가려면 무엇이 필요한가, 궁구하고 실험하고 도모하고 공조했던 이야기다.

  명랑한 에너지
  용맹한 손발
  담대한 마음자리
  유연한 연대

  랄랄라 춤추고 노래하던 내 동지들의 이야기다.

## 목차

**들어가며** ··· 시절인연, 모두가 모두에게
별이고 행성이고 위성이었던　　　　　　　　　4

### 1장 ··· 글방 하며 지내고 있습니다

| | |
|---|---:|
| 누가 나에게 이 길을 가라 하지 않았네 | 15 |
| 배짱 있는 아이들과 강호의 도를 아는 여자들 | 24 |
| 나도 막 살고 싶다 _어린이글방 | 35 |
| 우리는 자연사할 수 있을까 _청소년글방 | 40 |
| 유전자 혁명, 은밀하고 위대하게 _직장인여성글방 | 48 |

### 2장 ··· 멋진 남자와 손잡기

| | |
|---|---:|
| 소년이 자라 청년이 된다 | 63 |
| 자발적 멸종주의자 | 70 |
| 잘 사는 청년 제제 | 79 |
| 파 군에게 | 91 |
| 멋진 남자와 손잡기 | 102 |

## 3장 ··· 멋진 여자와 일하기

| | |
|---|---|
| 아니오 그렇게는 못하겠습니다 | 119 |
| 이 씩씩하고 날래고 사나운 청년 동지들 | 125 |
| 뒤늦은 연서 | 131 |
| 유랑식당 | 138 |
| 고귀한 것들은 사라지지 않고 전승된다 | 146 |
| 미싱 공장 문학반의 여자들 | 155 |

## 4장 ··· 멋진 이국의 친구들과 교유하기

| | |
|---|---|
| 나와 우리 | 167 |
| 내 친구의 집은 어디인가 | 179 |
| 추방된 사람 미누 | 193 |
| 굿 바이 반 레 | 204 |

## 5장 ··· 지구의 친구들

| | |
|---|---|
| 생명의 얼굴 | 219 |
| 문어공주 이야기 | 225 |
| 양의 죽음을 목격하기로 해요 | 232 |
| 대이야기의 시대 | 238 |

# 1장

글방 하며 지내고 있습니다

누가 나에게
이 길을
가라 하지 않았네


대학을 졸업하고 직장에 출근하면서 나는 적잖이 당황했다. 한 주일에 한두 권의 책을 읽고 한 편의 글을 쓰는 생활을 더 이상 할 수 없다는 걸 미처 생각하지 못했던 것이다. 대학이 얼마나 혜택받은 자들의 시공간이었는지 순식간에 각성할 수 있었다. 카피라이터라는 직업의 세계에 대한 이해도 없었다. 카피라이터는 하나의 문장이 완성되어 일이 마무리될 때까지 오직 그 생각만으로 머릿속이 가득 차 버린다는 것을 아는 데는 오랜 시간이 걸리지 않았다. 골프복이든 자동차든 백화점이든 광고해야 할 제품이 정해지면 업무 시간은 물론 출퇴근 시간에도 밥을 먹으면서도 화장실에서도 친구를 만나 수다를 떠는 와중에도 그 상품이 떠올랐다. 강요나 압박이 아니라 저절로 그리 된다는 걸 아는 데도 그리 긴 시간이 걸리지 않았다. 신입 직원이었기 때문에 대단한 일을 하는 게 아닌데도 그랬다. 그러니까 그 직업은 글을 쓰는 과정이랑 온전히 똑같았다. 마감을 앞두고는, 길을 걸으면서도 영화를 보면서도 쇼핑을 하면서도 심지어 섹스를 하면서도 급기야 꿈속에서도 글이 이어지곤 하잖는가 말이다.

광고의 카피를 만드는 작업도 그랬다. 6시에 퇴근해서(6시에 퇴근하는 일도 거의 없었지만) 집에 와 씻고 어제 읽던 책을 마저 읽는 일은 불가능했다. 물론 읽을 수야 있었지만 도대체 책을 읽는 동안에도 카피를 떠올리는 자신을 만나야 한다는 게 문제였다. 이걸 한다고? 모국어로? 스물네 살, 청춘의 나는 모국어로 하고 싶은 일이 따로 있었다. 독재를 타도하고 광주 학살의 진실을 밝히고 조국 통일의 과업을 완수하려는 이들의 이야기, 돌아오지 않는 화살이 된 이들의 이야기, 변방에서 들려오는 희미하지만 다급한 북소리, 청춘의 나는 그런 이야기를 쓰고 싶었다. 수줍어 수줍어서 고개를 못 드는 이야기, 부끄러워서 속으로 삼켜진 이야기, 아무도 들어주지 않아 허공중에 흩어진 이야기. 그러므로 자본주의의 꽃인 광고를 하는 데 내 모국어를 쓰는 것은 치욕스럽다고, 1990년 스물네 살의 나는, 어이쿠, 그랬다. 거리에는 여전히 최루탄이 난무하고 또래의 친구들이 도로를 점령한 채 시위를 벌였다. 있어야 할 곳이 어디인지, 마음 가득 을씨년스러운 바람이 일곤 했다.

  회사 다니기가 힘들었던 다른 이유도 있었다. 어쩌면 이게 더 큰 이유였는지도 모르겠다. 출근 시간의 지하철은 아비규환이었다. 당시 나는 쌍문동에서 충무로로 출근했는데 4호선을 타야 했다. 상계동 하계동을 지나며 이미 사람으로 꽉꽉 들어찬 지하철은 그야말로 발 디딜 틈이 없었다. 푸시맨이 역마다 배치되어 완력으로 사람들을 지하철 안으로 밀어 넣었다. 놀랍지만 푸시맨도 직업이었다. 우악스럽게 등을 떠밀려 들어가면 성추행이고 뭐고 숨을 쉴 수가 없었다. 옆 사람도 뒷사람도 내 온몸에 밀착했다. 할 수밖에 없었다. 내가 내릴 역이 아닌데도 튕겨져 바깥으로 내동댕이쳐지기도 했다. 진도 빠지고 얼도 빠져 제정신이 아닌 채로 월화수목금토의 아침이 이어졌다. 주 6일제 시절이었으므로.

  본의 아니게 두 정거장이나 전에 인파에 밀려 튕겨져 나온 어느 날은 역내 의자에 앉아 머리를 잡고 울었다.

아수라장이었지만 약속한 듯 모두 무표정하고 모두 어금니를 꽉 다문 표정을 하고 있었다. 모두가 모두에게 실례를 범하는 일상이라니, 이것도 삶이라고 꾸역꾸역 받아들여야 하는 자괴감의 얼굴들이었다. 첫 출근을 한 지 석 달쯤 지난 어느 날. 밤 여덟 시가 넘어 마을버스를 타고 귀가하는데 상스러운 욕설이 들렸다. 이년아 내가 어딜 만졌다고 그래 이년이 사람 잡네. 이어 새되고 격앙된 여자의 목소리가 들렸다. 아저씨가 만졌잖아요. 이어 남자의 소리가 들렸다. 못생긴 년이 생사람을 잡네 뭘 만져 어딜 만져. 분명 말싸움이 이어졌을 텐데 페이드아웃 되듯 소리가 점점 희미해졌다. 그리고 한 문장이 떠올랐다. '내가 이러려고 태어난 건 아닐 텐데.' 순간, 세상이 고요해지더니 등뼈가 천천히 주우욱 펴졌다. 머리가 맑아지면서 삼라만상이, 그러게, 삼라만상이 명징해졌다. 차고 신선한 밤공기가 뺨을 얼얼하게 때렸다.

  다음 날 사표를 썼다. 인수인계랄 것도 없이 나는 그 다음 날부터 회사에 나가지 않았다. 살아보니 생명이란 뭘 하려고 태어나지는 않는다는 걸 새록새록 알겠다. 그러니 이러려고 태어난 게 아닌 것도 새록새록 옳다. 무엇을 할 것인가도 중요하지만 무엇을 안 할 것인가도 긴요했다. 아버지는 딸이 사회 부적응자가 아닐까 염려했고 엄마는 실망감을 감추지 못했다. 대기업 사보팀에 다니던 친구는 조금 더 견뎌보지 그랬어 시간이 지나면 적응될 텐데, 라고 이야기했다. 애인도 아쉬움을 표했다. 그 모든 반응에 아프지 않은 건 아니었지만 회사를 그만둔 것엔 한 오라기의 미련도 없었다. 나는 다시 책을 읽고 시를 썼다. 대학을 졸업했으니 더 이상 부모님께 용돈을 받을 수는 없었다. 여차저차 집에서 가까운 학원에 취업을 했다. 오후 2시부터 7시까지 초등학생에게 글쓰기를 가르치는 일이었다. 젊은 여자 원장은 글쓰기는 새로 시작한 영역이라 특별한 지침이 없으니 알아서 해보라고 했다. 수요에 대한 큰 기대도 없는 듯해서 마음이 가벼웠다. 글감을 주고 원고지에 글을 써보자 했더니 어린이들은 척척, 세상에나 알아서 글쓰기를 해냈다. 나는 틀린 문장을 바로잡고 맞춤법과 띄어쓰기를 고쳐주었다. 종종 받아쓰기도 하고 시도 썼다. 생활문도 쓰고 상상문도 쓰고 설명문도 쓰고 논설문도 쓰고 편지 쓰기도 하고 독후감도 쓰고, 세상의 온갖 글을 어린이들은 어쩜 그리도 술술 써나갔다. 일에 대한 스트레스가 1도 없었다. 식은 죽 먹기가 따로 없었다. 어쩐지 학생들이 점점 느는 터라 원장은 더더욱 간섭하지 않았다. 오전은 온전한 내 시간이었다. 그 통째로의 시간이 얼마나 보배로운

지 알았으므로 나는 양껏 읽고 부지런히 썼다.

  엄마는 종종 대기업에 다니는 친구들의 아들딸에 대한 이야기를 했고 그 마음을 모르는 바 아니었으나 이십 대의 나는 뾰족하게 굴었다. 엄마의 자존심이 얼마나 세속적인지 비난이나 하면서. 스무 살에 독립했으므로 간간 전화나 하는 모녀 사이였다. 엄마 아빠와 한집에 살았더라면 음, 조금 아뜩하다. 내 맘대로 살 수 있었던 건 대학에 입학하면서 일찌감치 집을 떠났기 때문이다. 내 고향은 경상남도 거창이었고 서울에 있는 대학으로 진학하면서 엄마 아빠는 내 삶을 소상히 들여다볼 수 없었으므로 개입하기도 어려워졌다. 스마트폰이 없던 시절이라 더 그럴 수 있었으리라. 스무 살이 넘으면 우예든 둥 독립하는 것, 내가 추천하는 삶의 형식이다.

  어쨌거나 오후에 출근하는 덕에 조조영화를 보는 즐거움도 누렸다. 바야흐로 한국 영화의 르네상스가 도래하고 있었다. 《씨네21》《키노》같은 영화 잡지가 생기고 다채로운 영화들이 곳곳에서 상영됐다. 〈붉은 수수밭〉〈국두〉〈홍등〉을 만든 장이머우의 영화는 강렬했고 천카이거의 〈패왕별희〉는 매혹적이었다. 〈영웅본색〉〈첩혈쌍웅〉은 유치했지만 가슴을 파고들었고 허우 샤오시엔의 〈비정성시〉는 양조위를 내 인생에 데려다주었다.

〈아비정전〉속 장국영은 청춘의 얼굴이었고〈가을날의 동화〉속 종초홍은 따라 하고 싶었다. 임청하, 매염방, 아, 장만옥, 그녀들은 영원히 내 인생의 여배우들이다. 〈그랑블루〉는 일곱 번을 보는 바람에 대사를 줄줄 외울 정도였다. 〈모베터 블루스〉도 몇 번이나 보았다. "Black is Beautiful(블랙 이즈 뷰유티풀)", 설득하지 않아도 나는 충분히 세뇌되었다. 이토록 우아한 흑인 배우라니, 덴젤 워싱턴이 부는 트럼펫 소리는 새벽 강에 번지는 안개 같았다. 〈미술관 옆 동물원〉〈8월의 크리스마스〉〈해피엔드〉, 한국 영화도 새로운 파도를 만들어 내고 있었다.

영화과 대학원에 가볼까 생각이 들었다. 시나리오를 쓰든 비평을 쓰든 뭐라도 괜찮을 거 같았다. 핑계를 대고 학원을 그만두었다. 평화로웠지만 나른한 날이 이어지는 게 어색하던 차였다. 한 학생의 엄마가 아이가 글쓰기를 계속 했으면 좋겠는데 팀을 만들 테니 맡아줄 수 있냐고 물어왔다. 돈을 벌어야 했으므로 하겠노라 응답했다. 한 팀은 두 팀이 되고 두 팀은 네 팀이 되고 네 팀은 금방 여덟 팀이 되었다. 일주일 오후가 수업으로 가득 찰 정도로 인기 있는 글쓰기 선생님이 아뿔싸, 되어 있었다. 글쓰기를 가르치는 건 일처럼 여겨지지 않았다. 대여섯 명의 어린이들이 옹기종기 모여 앉아 글을 쓰는 동안 나도 내 글을 썼다. 어린이들이 다 쓰면 같이 읽고 퇴고하고 이야기를 나누었다. 세상에 이렇게나 쉬운 일을 하고도 맙소사 이렇게나 많은 돈을 벌다니. 그때까지만 하더라도 나는 어린이들을 가르치는 일에 깊은 애정을 갖지도 않았고, 심지어 사교육 전선에서 일한다는 자괴감도 없지 않았다. 다만 수업 시간에는 어쩐지 내일 이 세상이 끝나는 것처럼 열심히 했다. 다섯 명이 앉아 있어도 오백 명이 앉아 있는 것처럼 목소리에 힘을 주어 있는 힘껏 이야기하는 이 버릇은 지금까지도 고쳐지지 않는 고질병이다.

  5학년 동주네 집에서 수업을 한 어느 날, 정은이, 동주, 지혜, 수희를 앞에 두고 나는 어쩌다가 미국에 대한 이야기를 하게 됐다. 미국이 한반도의 분단에 어떤 역할을 했는지, 광주에서 일어났던 무자비한 일에 어떤 책임이 있는지, 왜 그토록 열정적으로 이야기했는지는 기억나지 않는다. 동주 어머니가 일찌감치 간식을 주고 나가셨으므로 아무도 없다고 생각해서 아마 내 열변의 수위는 더 높았을 것이다. 안방 문이 열리면서 동주 아버지가 나오셨을 때 그러므로 나는 정말 깜짝 놀라고 말았다. 그날 동주네 집 현관문을 나서며 생각했다. 아, 마지막이겠구나. 어린이들에게 운동권 논리나 설파하는 가

당찮은 과외 선생이라고 분명 생각하실 테지. 예감은 빗나갔다. 그 후로도 오랫동안 나는 고 똘똘하고 야무지고 기운찬 소녀들을 꽤나 오래 가르칠 수 있었다. 지금은 사십 대가 되었을.

사실 글쓰기는 당장 눈에 띄는 효과는 없다. 바로바로 점수가 나오는 것도 아니고 실력이 느는지 확인하기도 애매하다. 종종 글쓰기 대회에서 상을 타왔다며 학부모님이 기뻐할 때도 시큰둥하게 반응하곤 돌아서며 생각했다. 흥, 관제 글쓰기 대회 따위. 그때는 몰랐다. 나중에 내가 관제 글쓰기 대회의 주최자로 일하게 될 줄은. 그럼에도 2년이고 3년이고 나에게 글쓰기를 맡겨주었던 부모님들은 지금 생각해 봐도 참 대단한 분들이다. 여름이면 콩국수도 말아주고 스승의날이라고 선물도 잔뜩 안겨주던, 돌아보면 젊디젊은, 사랑스럽고 의연했던, 엄마가 처음이었던 엄마들. 어린이글방과 청소년글방의 원시적 형태는 모두 그 시절에 그이들과 그 어린이들과 함께 만든 것이라 할 수 있겠다.

## 배짱 있는 아이들과
## 강호의 도를 아는 여자들

　서른 살이 되던 해에 '나와우리'라는 시민단체를 만들어 일하게 되었다. 글쓰기 수업은 자연스럽게 중단했다. 단체를 설립하고 일하느라 눈코 뜰 새 없이 바빴다. 언제 글쓰기 수업을 했던가 까마득하게 잊어버리고 근 10년 단체 일에 매진하고 몰두했다. 세상의 모든 불의 따위 두고 보지 않겠어, 무모하게 덤비고 겁대가리 없이 싸웠다. 마음껏 일해봐 다 해줄게, 라던 몸이 파업을 일으켰을 때 그러므로 나는 오만했다. 따라오라고, 나는 아직 할 일이 남아있다고, 중무장한 진압군처럼 몸을 일으키려 했다. 몸은 격렬하게 저항했다. 마침내 나는 몸에게

졌다. 긴 시간 아팠다. 격렬하게 아팠다. 나와우리를 그만두어야 할 만큼.

　글쓰기 수업을 다시 시작한 건 나와우리를 그만두고 기력을 회복할 즈음이다. 목동에서 유명한 국어 학원을 하던 친구가 와서 논술을 가르치라고 했다. 일주일에 두 번만 와서 일하라고, 페이는 세게 줄 테니. 살살 다녀볼까 준비를 했다. 고등학교 입시 논술은 처음이라 이것저것 들여다보다 깜짝 놀랐다. 문제가 너어무 어려웠다. 이걸 고등학생들에게 풀라고 하다니. 책 읽을 시간을 충분히 주지도 않으면서 토론을 충분히 훈련하지도 않으면서 이런 문제를 풀라고 하다니 누굴 위한 무엇을 위한 시험이냐며 애꿎은 친구에게 역정을 냈다. 공자, 맹자부터 소크라테스, 플라톤, 하이데거, 미셸 푸코 등 동서양을 망라하는 철학자들의 글을 지문으로 제시하고 논지를 설파하라는 식의 문제가 주를 이뤘다. 그러니까 플라톤의 《국가》에서 발췌한 지문을 두고 '정의로운 국가란 무엇인가'를 중심으로 저자가 사회 질서를 어떻게 구성하는지 정리해 보라는 식이었다. 못 하겠는데. 내 말에 유명 일타강사이자 학원장인 친구가 바리톤의 목소리로 말했다. 그러니까 네 식으로 잘해보란 말이야. 왜 모든 원장들은 내 맘대로 해보라는 걸까. 일단 공부를 해보기로 했다. 먼저 공자와 맹자를 집어 들었는데, 어머나, 재밌었다. 현실과 무관한 공리공담이라고 거들떠보지도 않은 책들이었는데, 웬걸, 실천이야말로 유학의 본령이었다. 공동체가 지향해야 할 이상을 두고 어떻게 구현할 것인가에 대한 치열한 공방이 동양 고전의 핵심이었다.

"맹자가 말하기를, 사람은 모두 차마 어쩌지 못하는 마음이 있다. 선왕이 차마 어쩌지 못하는 마음이 있어 차마 어쩌지 못하는 정치를 폈으니 차마 어쩌지 못하는 마음으로 차마 어쩌지 못하는 정치를 편다면 천하를 다스림이 손바닥 위에서 움직이는 것과 같다." 했다. 그 '차마 어쩌지 못하는 마음'이 측은지심이고 수오지심이고 사양지심이며 시비지심이다. 측은지심이란 아기가 우물에 빠지려는 위험한 상황을 보면 누구나 달려가 구하려는 마음, 의지나 계산 없이 반사적으로 본능적으로 누군가를 돕는 마음, 이라니 그야말로 차마 어쩌지 못하는 마음 아닌가. 우리 안에 측은지심이 내장되어 있어 종의 존속이 가능했으리라. DNA 나선 중에 긍정적인 회로를 읽어주는 사람이로군, 맹자 공부가 즐거워졌다. 말랑말랑한 말만 하지 않아서 더 재밌었다. "폭군은 한 사람을 죽인 도적과 다를 바 없으니 잘못된 군주는 폐위할 수 있다." 시민의 저항권을 기원전에 선포한 것 아닌

가. 고답적이고 가부장적이라 생각했던 공자 맹자는 의외로 재밌어서 도올 선생의 강의도 들어가며 해설서를 읽어나갔다. 목동의 고3 친구들과도 살살 정을 붙였다.

그즈음 해남에 갔다. '또 하나의 문화'에서 주최하는 고정희시인추모여행에 같이 가자고, 혼자 가긴 민망하다고 친구가 전화를 걸어왔길래 함께 해남 가는 버스에 올랐다.

고정희는 1975년에 등단하여 1991년 지리산에서 생을 마감하기까지 열한 권의 시집을 낸 시인이다. 해마다 한 권씩 시집을 낸 셈이다. 먹고 자는 동안에도 시 정신의 긴장을 놓치지 않고 온전히 시에 대한 생각과 시에 대한 열정으로 살아야만 가능한 일이다. 실로 그녀는 생의 전부를 시 쓰는 일에 바쳤다고 할 수 있다. 그녀에게 시는 삶이었으며 삶은 곧 시였다. 또 그녀의 시들은 작품의 형식이나 경향을 몇몇 수식어로 포괄하기 어려울 만큼 광범위한 문화적 토양과 시적인 형식을 지니고 있으니 시인으로서 그녀는 새로운 형식의 가능성을 탐구하며 끊임없는 도전과 실험의 시를 낳았다.

―김현아,《그 곳에 가면 그 여자가 있다》, 호미

훗날 나는 《그 곳에 가면 그 여자가 있다》에 썼다. 최승자 김승희 김혜순과 더불어 1980년대 한국 시사를 푸르게 빛냈던 여성 시인 중 한 명이 고정희다. 조금 먹고 조금 자고 많이 쓴, 가난 청빈 묵상 청교도적 이상과 가치를 시 속에 조각했던 작가. 사십 초반에 고정희가 죽고 그녀가 속해있던 '또 하나의 문화' 동인들은 고정희상을 만들고 고정희청소년문학상을 제정하여 그녀의 뒤를 이을 소녀들을 발굴하고 여성 시인의 유산을 계승하는 일에 힘을 기울였다. 고정희를 키우고 자라게 한 것이 남도의 자연이라면 고정희를 사랑하고 고정희를 기억하고 고정희를 역사 속에 자리 잡게 한 건 '또 하나의 문화' 동인들이다. 고정희가 죽은 이후 해마다 거르지 않고 유월이면 해남을 찾아 시인의 무덤을 돌본 이들도 '또 하나의 문화' 동인들이다. 결혼도 하지 않고 자식도 없는 여자의 무덤, 쓸쓸하고 고독해야 할 무덤은 해마다 유월이면 축제의 장으로 만남의 공간으로 열렸다.

  그해는 세계여성학대회에 참여한 다양한 국적의 여자들도 함께 한 여행이라 더욱 풍성하고 다채로웠다. 2박 3일의 일정을 마치고 서울로 돌아오는 버스 안에서 '또 하나의 문화' 동인이자 하자센터장인 조한혜정 선생님과 같은 자리에 앉게 되었다. 해남에서 서울까지는 긴

거리였으므로 이런저런 이야기를 나누었으리라. 서울로 돌아와 며칠 지나지 않아 조한은 고정희청소년문학상 일을 맡아달라고 제안하셨고 나는 선선히 그러겠다고 답했다. 하자센터에서 글쓰기 수업도 해보라 제안하기에 그 역시 그러마고 대답했다.

어딘글방의 시초인 창의적글쓰기 수업은 이렇게 가볍게 시작됐다. 금강산, 나마, 콩냥, 연지, 보라, 여탐, 따오, 한백, 제규, 가재, 우르비엘…. 청소년들과 글도 쓰고 공부도 하고 여행도 하고 밥도 같이 해 먹고 책도 냈다.《로드스쿨러》는 그 결과물이다. 우리, 그러니까 나와 청소년들은 글이 상투적이거나 빤한 입발림으로 끝나는 건 바라지 않았다. 각자가 속한 공간과 시간 속에서 자신을 억압하는 기제가 무엇인지를 읽어내고 해석하는 공부를 본격적으로 했다. 그 과정에서 자신을 조금 더 정직하게 들여다볼 배짱이 생긴 청소년들은 가족, 학교, 따돌림, 우울증, 연애, 성욕, 아르바이트 등 각자가 직면한 삶의 문제들이나 선생님 부모님과는 의논할 수 없었던 문제들, 입 밖으로 꺼내기조차 버거웠던 '바람직하지 않은' 고민들에 관해 정직하게 글 쓰는 훈련을 했다. 글의 완성도를 높이려면 어떻게 해야 하는가에 대한 고민은 '나는 왜 글을 쓰는가'로 이어졌다. 종종 부모미

생전의 시간으로 거슬러 내 꼴이 무엇으로부터 기원하는지 들여다보기도 했다. 변태여도 괜찮아, 라고 다독여주는 비평 분위기는 독특한 내면의 풍경을 그대로 그려낼 수 있게 하는 주요한 요건이다. 웃기고 사랑스럽고 진취적이고 도발적인 이야기들이《로드스쿨러》에 담겨 있다. 나마 콩냥 구구의 위대한 글들, 청소년들의 당사자성이 울컥울컥 배어나는 글들, 상냥하진 않지만 다정한 소녀들의 싱싱한 이야기 모음집은 지금 읽어도 현재적이다.

    창의적글쓰기에 나가면서 내가 배우고 익힌 건 삶이었다. 매주 다른 주제로 성실히 글을 쓰고, 함께 모여서 다른 친구들의 글을 열심히 읽고, 혹평 속 한 줄기 칭찬에 다시 다음 주를 기대하는 식이었다. 그렇게 여름이 지나 가을이 오고 마침내 겨울이 왔을 때 나는 대학에 가기를 미루고 다른 배움을 더 해 보기로 했다. 순전히 글을 잘 쓰려고 노력했을 뿐인데 삶을 바라보는 시선과 살아갈 힘 같은 것이 생기는 게 신기했다. 열아홉 살의 내가 배운 글쓰기는 두 단계. 자신의 경험을 멋지게 쓴다. 그리고 고통스러운 순간에도 자기 연민에 빠지지 말자. 자기 자신과 거리를 두어야 한다……. 자기를 불쌍하게 여기지 않으면서 자기를 특별하게 여기지도 않고 글을 쓰려면 얼마나 힘들까?

— 가재, 「브라보 마이 라이프」 중

　고정희청소년문학상 일도 청소년들과 손발을 맞춰 함께 했다. 대상인 고정희상은 물론 국무총리상까지 걸린 이 글쓰기 대회에는 전국의 내로라하는 글 쓰는 청소년들이 참여했다. 예선을 거쳐 본선은 해남에서 2박 3일간 진행됐는데 대형 버스 서너 대가 움직이는 만만치 않은 규모의 행사였다. 이 일을 십 대 청소년들과 함께 했는데 세상에, 겁나 일을 잘했다. 아니 무슨 소녀들이 이렇게 일을 장렬하게 잘하는 거람. 총명하고 힘도 세고 용감하고 창의적인 청소년들은 기획, 진행, 평가의 전 과정에 헌신적으로 참여하고 일했다. 고민도 많았지만 잘 먹고 잘 자고 열렬히 서로를 믿고 함께 도왔다.

　고정희청소년문학상에 참여한 일반 학교 문예부 친구들 중 일부는 창의적글쓰기수업에 오기도 했다. 어딘글방의 전신인 창의적글쓰기수업에는 이슬아, 안담, 이길보라, 이다울, 양다솔, 하미나, 변혜지, 이제는 유명한 작가가 된 이들이 앳된, 고뇌에 찬, 결연한, 수줍은, 망설이는, 실패한, 도도한, 분주한 얼굴로 드나들었다. 누구나 올 수 있고 언제라도 안 올 수 있는 모임이었지만 이 이상한 청소년들은 끈질기게 수요일 밤 하자센터로 모였다. 서로를 참조하고 서로를 동경하고 서로를 질투하고 서로를 이해하며. 그리고 그들은 작가가 되었다. 신생대 4기 홀로세에 태어난 이들은 훗날에 훗날에 인류세로 불릴지 모를 지금 여기를 사각사각 와작와작 가열하게 기록하고 있다. 부장품으로 발견될지도 모를 고문서를 또닥또닥 밤새워 만들고 있다.

 안담은 자신의 글방뿐 아니라 주변 친구들이 글방을 열 수 있도록 지원하고 도모한다. '밥만 먹여 돌려보내는 엉터리 의원'이라는 뜻의 '엄살원'을 열어 고단한 인생들을 초대해 밥을 먹이고 영혼을 살찌우는 일도 한동안 했다. 연극도 하고 팟캐스트도 한다. 종합예술센터 같은 거 열어야 한다고 농반진반 말한다. 이슬아가 하는 북토크에 가서는 '어머나, 이 양반이 북토크의 새로운 역사를 쓰네'라고 생각한 적이 있다. 고답적인 북토크 형식을 타파하고 노래도 부르고 연주도 하고 다양한 자료를 활용하고 참가자들에게 즉흥 글쓰기 제안도 한다. 그 와중에 한 여성 정치인의 후원회장도 맡았다. 이슬아는 파격을 은근 자연스럽게 시전하는 재능이 있다. 양다

솔은 나라면 한 번도 상상해 본 적 없는 일(일테면 지자체와 이곳저곳의 협찬을 받아 글방 오프 모임을 성대한 축제로 확장한다든지)을 태연자약하게 하고는 늘 그렇듯 자신을 힐난하는 모드로 돌아간다. 스탠드업 코미디가 본업이어도 좋았을 이 작가는 늘 머릿속은 어수선하고 삶은 단정하다, 예나 지금이나. 이다울은 가시두더지프레스 벗들과 비정기적으로 책을 내고 그림도 그린다. 오래 아프고 간간이 덜 아픈 생을 유심히 살아내고 있다. 변혜지는 학원에서 어찌나 열심히 가르친다. '멸망한 세계에서 살아남는 법'을 청소년들과 공론하는 모양이다. 이길보라는 여전히 슈퍼파워다. 영화 작업과 책 작업과 코다코리아*의 대표까지, 최근엔 육아까지 거침없이 해치운다. 하미나는 독특한 이력을 만들어 가고 있다. 교차성과 다원주의, 전위의 감각을 몸에 새기고 있는 듯하다.

  내가 여행학교 로드스꼴라를 하는 동안 이들은 나의 동지가 되어 수업을 맡아주고 특강을 해주고 학기말 프로젝트를 도와주었다. 그녀들 인생에서 눈코 뜰 새 없이 바쁜 시기에도 보잘것없는 일들에 침착하게 시간을 내주었다. 의리로 해준 일들이다. 강호의 도를 아는 여자

---

\* 농인의 자녀 코다CODA들의 모임이자 네트워크.

들, 각자의 무공을 가멸차게 연마하여 어느덧 스스로의 가(家)를 이루어 가고 있는, 거침없으나 수줍은, 강철 같으나 보드라운 나의 동지들이다. 싸그락 싸그락 난분분 난분분 흔들리는 나뭇가지에 꽃 한 번 피우려고 도전을 멈추지 않는.

나도 막 살고 싶다
_어린이글방

  어린이글방에서는 열 살부터 열세 살 사이의 어린이들을 만난다. 똘망똘망한 눈망울은 줌에서도 초롱초롱 빛난다. 신기도 하지. 어린이들은 그날그날 내가 제안하는 글감으로 그 자리에서 글을 쓰고 발표하고 서로의 글을 합평한다. 싸움, 우리 동네, 급식, 좋아하는 과목 따위의 소소하고 일상적인 글감에도 어린이들은 종종 깜짝 놀랄 통찰을 보여주는데 '존경하는 사람'이라는 글감을 받아 수박이 쓴 글도 그중의 하나다.
  수박은 존경하는 사람으로 사촌 동생, 소방관 분들, 선생님을 꼽았다. 사촌 동생이 존경스러운 이유는 막무

가내인 동생의 짜증을 잘 받아주기 때문이다. 수박에게도 동생이 있는데 자신의 경우와 견주어 사촌 동생의 태도는 놀랍고 대단하다고 생각한다. 그렇지만 답답할 때도 있고 본인은 그럴 생각이 없다. 이해도 하고 존경도 하지만 내 삶의 방식은 고수하는 현명한 태도를 보여준다.

  소방관 분들이 존경스러운 이유는 '위험한 상황에서도 두려움을 이겨내고 한 사람이라도 더 구해내려고 애쓰시는 모습은 정말 진정한 용기 그 자체'라고 생각하기 때문이다. 헌신과 용기에 대해 정확하고도 간결하게 표현할 줄 아는 수박은 몸과 마음을 바쳐 있는 힘을 다해야 하는 순간을, 시절을 맞닥뜨리면 아마도 그렇게 살겠지. 오늘의 이 글이 굳세고 씩씩한 마음자리를 넓히는 데 한 몫을 하리라. '보이지 않는 곳에서도 우리를 위해 묵묵히 일해주시는 소방대원님 덕분에, 조금이라도 안심이 된다.' 이런 글을 쓸 줄 아는 마음은 가려지고 은폐된 곳을 곰곰 들여다보고 다른 이의 불안을 감지하는 더듬이를 키워나가리라.

  수박이 세 번째로 존경하는 사람은 바로 선생님이다. 수박은 '한 분만을 뜻하는 게 아니라 모든 선생님'을 존경한다.

선생님은 단순히 지식만 가르쳐 주시지 않고 마음까지 따뜻하게 보듬어 주시는 분이다. 항상 학생들을 소중하게 생각하시고 누구에게나 공평하고 너그럽게 대해 주시는 게 대단하다. 또 수업 시간에 대한 열정이 넘치신다. 어떻게 하면 학생들이 더 잘 이해할 수 있을지 고민하고, 다양한 예시와 설명으로 어렵게 느껴졌던 것들이 쉽게 이해될 수 있도록 도와주신다. 선생님 덕분에 공부에 흥미를 느끼게 되고, 스스로 노력해서 공부하는 습관도 생긴 것 같다. 무엇보다 내가 가장 존경하는 점은 학생들의 고민에 귀를 기울이신다는 거다. 힘들어 보이면 조용히 다가와서 "괜찮니?" 하고 물어봐 주시고 따뜻한 말로 위로해 주시는 선생님들께 감사하다. 이처럼 지식뿐만 아니라 따뜻한 마음을 나눌 수 있는 어른이 되고 싶다.

선생님이 가져야 할 태도와 교사의 윤리에 대해 이렇게나 적확하게 쓴 글이 있을까. 교육대학 교재에 들어가도 될 글이라고 그날 나는 수박에게 말했다. 세상의 모든 선생님이 수박의 글을 읽었으면 좋겠다고도 말했다. 수박의 낭독을 듣는 동안 어쩐지 마음이 울렁울렁했는데 세상의 많은 어린이들은 이렇게나 선생님을 좋아한다는 걸 새삼 알아차릴 수 있어서다. 어린이들이 선생님에 대해 쓴 글을 들을 때면 마음이 서늘할 때가 있다. 선생님의 한 마디, 선생님의 작은 행동 하나가 종종 어린이들의 삶에 커다란 파장과 울림을 만들어 냄을 깊이 새기어 그이들을 만날 일이다. 수업은 열정적으로, 고민은 집중해서 들어주시는 무엇보다 공평하고 너그러운 선생님과 공부할 준비가, 어린이들은 언제나, 늘, 항상 되어 있다. 인류의 유산이 전승되는 현장이다.

신밧드는 《톰 소여의 모험》을 읽고 쓴 독후감에서 '나도 톰처럼 막 살아 보고 싶다'고 썼다. 신밧드의 발표를 들으며 나는 하하하 웃고 말았는데 내 삶의 신조가 막 살기이기 때문이다. 사십이 넘어서야 알게 된 생의 이치, 막 사는 것이야말로 잘 사는 것이라는 걸 신밧드는 어떻게 열세 살에 깨닫게 되었을까. 친구들과 야영을 하고 보물을 찾아 모험을 떠나고 산적단을 만드는 것, 신밧드가 소개한 막 사는 삶이다.

그날 우리는 막 산다면 어떻게 살까, 에 대한 시도 써 봤다. 곁들여 《톰 소여의 모험》에 나오는 주요 인물인 인디언 조에 대한 이야기도 나누었다. 인디언 조는 왜 '인디언' 조일까? 인도 사람도 아닌데 왜 그는 인디언이라 불릴까, 라는 질문은 미국이라는 나라가 '발견'되던 대항해시대로 이어지고 백인들의 시각에서는 신대륙 '발견'이지만 원주민의 입장에서는 '도착' 혹은 '침입'이 될 수도 있다는 이야기로 연결됐다. 누구의 시선으로 바라보느냐에 따라 말이 달라지고 언어가 어떻게 의식을 규정하는가까지 나아가다 나는 잠시 말을 멈춘다. 줌에서도 몰입과 집중의 에너지가 이렇게나 완벽하게 느껴지다니. 고마우면서도 두렵다. 오늘의 내 말이 이 어린이들이 삶의 가치와 기준을 만드는 데 하나의 퍼즐 조각이 될 수도, 될까 봐, 나는 다시 신중하게 언어를 고르고 유연한 문장으로 말하려 호흡을 가다듬는다. 미국이라는 나라의 건국에는 원래 그 땅에 살던 원주민, 이제는 인디언이라 불리는 사람들의 역사가 함께 쌓여있으니 차차 그런 공부도 해보자고 마무리할 때면 어린이들의 표정은 다단하고 복잡하다. 다음 주에는 시애틀 인디언 추장의 편지를 읽어보자고 끝을 맺으며 시애틀이라는 도시의 명칭이 그곳에 살았던 원주민 대추장의 이름이었다고 말한다. 와, 짧은 감탄사와 함께 어린이들의 눈빛이 반짝, 빛난다.

우리는
자연사할 수 있을까
_청소년글방

 

청소년글방의 날개는 지난주에 삭발을 하고 나타났다. 중2 남자 청소년이다. 중2병을 중2에 앓는 것은 축복이다. 나는 호들갑은 자제하지만 관심은 표명한다. 어찌 삭발을 하였느냐? 삐딱하게 앉아있던 날개가 세상 무심하게 대답한다. 그냥요. 나도 대답했다. 그러게. 수업을 마치고 날개가 썼던 시를 찾아 읽어본다.

> 나는 울었던 기억은 건드리지 않는 것이
> 좋다고 생각하지만
> 때로는 건드려야 할 때도 있는 것 같습니다

어떤 눈물자국은 확인해야만

지울 수 있으니까요

나는 아직도 당신이 두렵습니다.

이눔 짜식, 시는 잘 쓴단 말이야. 오달지고 흐뭇하다. 이렇게 멋진 시를 쓸 줄 아는 소년의 심중을 사실 나는 속속들이 알지 못한다. 그 나이에 소년의 몸으로 살아보아야만 획득되는 고유하고도 특별한 형질을 나는 갖고 있지 않으므로. 간혹 나는 날개를 세게 혼내는데(글이 너무 불친절하다, 상황과 배경의 맥락을 갖추지 않고 네가 하고 싶은 이야기만 하는 글은 오만하기 짝이 없는 글이다 따위로) 그럴 때면 고맙게도 녀석은 자세를 고쳐 앉고 주억주억 내 말을 들어준다. 안 들어줘도 할 수 없는데 펄펄 뛰는 나를 수용해 준다. 얼마나 고마운지, 공경의 염이 절로 든다. 나는 중학교 2학년 때 그러지 않았으므로. 그러고 나면 한 2주 날개의 글은 인물, 사건, 배경이 맥락을 갖춘다.

  한 소년의 글에 하여 삶에 어쩌다 개입하고 간섭하고 요구하고 이윽고 기대한다. 날개는 끝내주는 비평가이기도 하다. 어느 날인가 고등학교 1학년 한들의 글에 대해 '망나니 중학생이 두 달 후에 고등학생이 되었다는 이유로 멋있어지는데 여기서 만나네요(이 글이 딱 그렇네요).' 같은 짜릿한 피드백을 한다.

청소년글방에서는 가끔 예기치 않게 격론이 벌어지기도 한다. 어떤 이유로(그다지 비극적인 이유는 아님) 다섯 명의 사람만 지구에 남을 수 있고 그 최후의 5인을 정하는 위원회에 내가 들어간다면 나는 누구를 추천할 것인가, 라는 글감에는 재밌는 이야기들이 많이 나왔다. 한들은 '리더십이 있지만 독재적이지 않고 감정 조절 능력이 뛰어나고 협력, 협동적인 성향의 사람'과 '예술과 문화를 보존할 사람' 중심으로 고민하는데 '인간에게 예술, 문화, 철학이 없다면 그것은 인간이라 할 수 없다'고 생각하기 때문이다.

그리하여 한들이 추천한 다섯 사람은 '생존 능력에 특화된 영국인 남성 베어 그릴스와 미국·캐나다·남아공 삼중 국적이고 다양한 기술 지식을 보유한 일론 머스크, 리더십 있고 대화를 잘 이끄는 한국 남성 유재석, 스웨덴 여성이고 매우 철학적이고 리더십도 있는 그레타 툰베리, 마지막으로 노벨평화상 수상자이자 교육 활동가인 파키스탄 여성 말랄라 유사프자이 이렇게 5명'이다. 혈연 학연 지연에 얽매이지 않는 공정한 선정이 신선하다고 생각했는데 검바는 '늙은 아저씨들만 있네요'라는 피드백을 해서 우리는 빵 터졌다. 열네 살 소년 검바의 당사자성이 너무 잘 보여서다. 늙은 아저씨들보다는 젊고 어린 사람들이 살아남아야 하는 거 아닌가, 라는 마음이 은연중에 반영된 소년 검바의 비평은 다시 한 번 당사자성에 대해 생각하게 되는 계기였다.

 샤인은 오은영, 이재용, 도덕선생님, 아이돌을 선정했다. 이재용이 누구인가에 대해 청소년들 사이에 잠시 설왕설래가 있었는데 삼성 회장이라고 정리되자 '왜?'라는 질문이 쏟아졌다. 돈이 많은 사람, 가진 것이 많은 사람이 인류의 지속 가능성에 기여할 수 있는가라는 질문은 돈의 기원에 대한 논의로 이어졌다. 이 논의의 전제에는 최후의 다섯 사람이 인류의 존속에 이바지해 주기를 바라는 마음이 있다는 것도 흥미로웠다. 어쨌거나 돈이 효율적인 물물교환의 수단이지 그 자체로 가치를 가지지는 않는다는 결론에는 의외로 빨리 이르렀다. 돈이 많은 사람이 능력이 뛰어난 사람인가, 돈을 많이 가진 것과 많이 번 것은 다르지 않나, 에 대한 논의 또한 의외로 쉽게 정리됐다. 도덕선생님 선정에도 질문이 이어졌다. 기술선생님을 남겨두는 게 맞지 않느냐, 다섯 명이 살아가는데 가장 필요한 건 기술이다, 도덕은 그들이 협의하며 만들어가는 것이다, 라는 논의의 진전도 흥미로웠다. 도덕이 원래부터 존재하는 영원불변의 것이 아니라 사람들이 살아가며 맺은 약속이고 환경과 시대에 따라 변할 수 있다는 생각은 탄력적이지만 위험한 것이기도 해서 주의 깊게 다루어야 한다. 청소년들과의 대화에서는 특히 그렇다.

의도하지 않았지만 최후의 5인은 의외로 가지를 벋고 이야기가 확장되는 글감이었다. 일론 머스크와 오은영이 여러 명의 글에서 공동으로 언급되는 것도 재밌었다. 우주 개척, 화성 탐험만큼이나 힘든 게 사람간의 갈등 조정이라는 걸 청소년들도 경험하나 보다. 수학여행이나 신혼여행을 우주기지로 갈 수도 있는 세대 또한 관계를 살면서 풀어야 할 큰 과제로 인식한다니 어쩐지 위로가 되기도 한다.

지인들에게 나는 종종 어린이와 청소년들을 외국인으로 보라고 권유한다. 저분들이 우리와 비슷한 피부색과 얼굴 형태를 갖고 이곳에 살고 있을 뿐 사실은 외국인에 가깝다는 것이 내 생각인데 일테면 내가 어렸을 때 보았던 영국 사람, 프랑스 사람, 미국 사람이 지금 우리 어린이들과 청소년들과 더 가깝다는 뜻이다. 세계 10위 경제 대국, 자국의 영화와 드라마 노래 요리가 세계로 번져나가는, 그러니까 일명 선진국에서 태어난 이들은 콤플렉

스와 열등감이 별로 없다. 나만 하더라도 중학교 때 가장 갖고 싶었던 게 일본 소니 카세트였다. 코끼리밥솥과 일본 보온병이 로망이었던 엄마 세대와 미제가 세상에서 젤 좋은 건 줄 알았던 할머니 세대야 말해 무엇 하리. 그 시절, 예술도 철학도 문학도 기술도 영국 프랑스 미국 독일이 기준이고 표준이었다. 지금 우리 어린이들과 청소년들에게는 일제와 미제에 대한 동경도 자격지심도 없다. 질투와 시기도 없다. 프랑스 영화를 이해하려고 노력하지 않아도 되고 미국 방송인 AFKN을 들으며 최신 유행 팝송을 외우지 않아도 된다.

  기술과 예술 면에서 어느덧 한국은 표준과 기준을 만들어 내는 중이다. 반도체부터 철강, 면도날까지 만드는 나라는 세계에 두 나라밖에 없단다. 한국과 중국. 그러니 이 세대는 무대를 넓게 쓸 일이라는 게 내 생각이다. 인류에게 닥친 위기를 감지하고 미래를 설계하고 다른 생명종과의 연대를 추구하고 비존재와의 공존을 도모할 수 있는 공부와 체계가 필요하다. 그들의 조부 세대는 전후 세대였다. 배고픔을 해결하는 것이 급선무였다. 세계의 도움이 필요했다. 그들의 부모 세대는 선진국을 따라잡느라 영어 공부에 매진했다. 뒤처지지 않고 선진국 모델을 따라 하는 것이 목표였다. 믿지 않겠지만 우리 청소년들은 '선진국'에서 태어나고 말았다. 그러므로 조부 세대도 부모 세대도 그들을 가르치려 하지 말자. 지난 시절의 감수성과 감각은 아뿔싸 청소년들의 앞길을 가로막는 장애물이 될 가능성이 높다. 원하든 원하지 않든 인류가 맞닥뜨린, 해결해야 할 질문의 최전선에 우리 어린이들이 청소년들이 서게 되고 말았다. 한들의 글에서 나는 그 감각을 엿본다.

나에게는 세 가지 소원이 있습니다. 아주 거창하진 않지만, 자주 생각하는 것들입니다. 하나는 정말 평범하고, 하나는 실현 가능성이 거의 없는 소원이기도 하고, 또 하나는 그냥 너무 오래 기다렸더니 소원이 되어버렸습니다.
첫 번째 소원은 자연사하는 것입니다. 조금은 무겁게 들릴 수도 있어요. 하지만 저에게는 꽤 오래전부터 꿈꿔왔던 소원이에요. 이유는 간단합니다. 누구나 언젠가는 이 세상을 떠나가잖아요. 근데 저는 그게 사고사도, 오랜 시간 병원에서 고통받는 것도 아니고, 그냥 어느 날 평온하게 잠들듯이 세상을 떠나는 거였으면 좋겠어요. 세상에는 수많은 변수들이 있고, 누구도 자신의 마지막을 정확히 선택할 수 없잖아요. 그래서 더 간절한 것 같기도 하네요.

— 한들, 「아무도 안 궁금하겠지만」 중

열일곱 살 한들이 쓴 글의 일부다. 어쩌면 지금 세대는 자연사할 수 없다는 예감을 무의식중에 하고 있는지도 모른다. 오래오래 살고 싶다는 소원은 사피엔스의 좋았던 시절 흥타령이었는지도 모르겠다.

여성 청년들은 무사히 할머니가 될 수 있을까, 라는 노래를 한다. 이 세대에겐 공멸의 직감이 작동하고 있다. 그러니 그걸 막을 힘도 이들에게 있을 것이다. 김구 선생이 「나의 소원」에서 바랐던 과학과 기술의 발전이 이루어졌고 높은 문화의 힘도 가졌다. 그다음에 우리는 무엇을 할 것인가? 매주 만나는 어린이들과 청소년들의 글에서 그 힌트를 발견하고 있다. 이 글방이 몹시도 중요한 이유다.

## 유전자 혁명, 은밀하고 위대하게
_직장인여성글방

 토요글방과 일요글방은 직장인 여성들이 주로 참여한다. 예민하고 불안하고 비타협적이고 아슬아슬한 면이 있지만 몹시도 똑똑하고 활활발발하며 주체적이다. 목요글방은 35세 이상의 사람들이 주로 모인다. 청춘을 지난 사람들의 글은 조금 넉넉하고 느긋하다. 글방러들은 직장을 다니고 아이를 키우고 살림을 하고, 읽고 쓴다. 야근과 주말 특근에 시달리고 집안의 대소사를 챙기고 부모나 할머니의 간병을 하고, 읽고 쓴다. 해외 출장을 가고 출산을 하고 암 투병을 하고, 읽고 쓴다. 일상의 모오든 틈에, 읽고 쓴다. 그렇지 않으면 쓸 수 없어서 그러나 쓰고 싶어서, 쓸 수밖에 없어서, 쓰지 않고는 견딜 수 없어서, 아이를 낳는 그 순간까지, 읽고 쓴다.

아랑이 산후조리원에서 접속했다. 아기 낳고 이틀 만이었다. 맙소사. 이럴 일이냐고오, 기가 막혀 내가 한 말에 침대에 누운 아랑이 웃으며 말했다. 딱히 할 일이 지금은 없어요. 핸드폰으로 써서 올린 글에는 아이를 낳은 날의 이야기, 오, 그 혹독하고도 사나운 이야기가 진하게 적혀있었다.

> 제왕절개를 하고 2일 차, 아니 배를 갈라 아이를 꺼낸 지 2일째 되던 날, 신생아실 유리창 너머 아이를 볼 수 있는 면회에 가고 싶어 선희는 입원실을 찾아온 간호사에게 소변줄을 빼달라고 부탁했다. … 엉덩이 밑에는 포스터 크기만 한 산모패드가 깔려있었고 선희는 그 위에 팬티도 없이 소변줄을 꽂은 채 이틀 동안 누워있었다. … 모래주머니가 올려져 있을 때는 안정감이 있었는데 2일째 새벽 모래주머니를 치우니 뱃속의 장기들이 쏟아져 내릴 것만 같았다. … 선희는 개복수술인 제왕절개를 하기 전까지 사람이 앉고 일어나는 데 이렇게 뱃심이 필요한지 몰랐다. 누워 있다가 앉을 때 그리고 앉아 있다가 일어설 때 가장 힘이 많이 들어가는 부분이 배라는 사실을

마약성 진통제를 맞아가며 깨달았다.

산모 아랑의 글에 글방 동료들의 합평이 이어졌다. 우리가 할 수 있는 일이 고작 그것밖에 없어서 열렬하게, 뜨겁게 그녀의 '글'에 대해 이야기했다.

💬 저 역시 두 아이를 제왕절개 수술을 해서 낳았어요. 수술이 끝나고 너무너무 서러워 울었어요. 배에는 불이 나는 느낌에다가 칼날이 빽빽하게 박힌 롤러로 내 배를 굴리는 느낌. 그래서 아이가 궁금하긴 했으나 아이를 향한 알지 못할 감정들 때문에 침대에 누워서 천장을 바라보며 통증에 시달리며 그저 살려달라고만 했던 기억이 소환되네요. 갑자기 수술 부위가 따끔거립니다. 아랫도리가 환하게 벗겨진 채 패드 위에 맨 다리로 누워 있으면 오로라고 해서 자궁 속에 있던 아이와 연결되어 필요했던 벌건 피와 덩이들이 나왔던 기억, 아이 낳고 3개월까지도 오로가 나와서 100일 동안 생리대를 차고 있느라 대음순에는 습진이 생겼던 그런 기억들을 불러일으키는 글이었어요. 저도 아이 낳고 이야기를 쓴 글들이 몇 개 있는데 꺼내어 퇴고해 보고 싶은 마음이 생겼습니다.

― 열음

출산은 여전히 살이 찢어지고 뼈가 구부러지고 피가 철철 흐르는, 몸이 경험할 수 있는 최대치의 사건이다. 피임이 보편화된 건 100년이 채 되지 않았다. 그러므로 수만 년 동안 대부분의 여자들은 2년에 한 번 3년에 한 번, 목숨을 걸고 이 일을 수행했다. 한두 번이 아니라 여덟 번 아홉 번 열 번. 수많은 여자들이 출산을 하는 과정에서 혹은 출산 직후 죽었다. 똑똑한 여자, 건강한 여자, 권력이 있는 여자, 명성 높은 여자도 출산을 했다. 자연스러워서 그 일은, 피를 흘리고 고통으로 이를 악물고 깜빡 실신까지 하지만, 자연스럽게 받아들여졌다. 출산한 여성에 대한 특별한 공경이나 예우도 없었다. 딸 낳고 사흘 만에 호미를 잡았다, 딸 낳고 나흘 만에 물동이 이었다 따위의 출산잔혹사만 간간 구전되었다. 그 딸이 다시 딸이든 아들이든 낳을 것임에도 출산은 사회적 공헌으로 여겨지지 않았다.
 자연스러운 일이 언제나 옳고 정당하고 훌륭한 건 아니다. 사피엔스는 자연과 투쟁하고 자연을 극복하고 자연을 일구며 생존해 왔다. 문명 안에서 자연은 아름답고 근사하지만 문명 밖에서 자연은 야만적이고 위태롭고 험험하다. 독과 균, 맹수들의 송곳니와 발톱, 무자비한 홍수와 가뭄으로부터 살아남기 위한 인류의 쟁투를 우리는 종종 잊곤 한다. 몰아치는 비바람이 아름다운 건 내가 창 안에서 따스한 커피를 마시고 있을 때다.

💬 안녕하세요 아랑. 제 경험에 비추어 보면 조리원 퇴소 후 첫날은 정말 끔찍했던 거 같아요. 너무 작은 아이들이 계속 얼굴이 터질 듯 벌게져서 자지러지게 우는데 내 몸도 죽겠고 아기도 처음이고 엄마도 처음이고. 그러니 아랑, 너무 잘하시지 않아도 된다는 말 하고 싶었습니다. 소변줄과 포스터만 한 방수포를 눈에 그리듯 정확하고 구체적으로 묘사해 주셔서 좋았고, 아 모래주머니도 있었구나, 그 시절을 지난 기억이 새삼 납니다. 정보 전달이 과하지 않고 자연스러웠구요. 진짜 칼빵 세 번과 마찬가지인(한 번이 아니더라고요. 피부와 근육층까지 가려면) 수술이고 마약성진통제 연신 눌러야 버티는 건데. 이런 글이 많아지길 원해요.

― 새해

글방이 작가에게 건네는 위로는 글에 대한 정직한 비평이다. 아랑이 출산 이틀 후에 글을 올린 건 '애썼다', '축하한다'라는 인사를 받기 위해서가 아니라는 걸 글방러들은 잘 안다. 아랑에게 글방러들이 건네는 격려와 성

원은 그러므로 글에 대한 논평이다. 독한 작가와 독한 독자들은 사려 깊으나 냉정한 합평을 한 땀 한 땀 공들여 짓는다. 잇는다.

😌  글에는 보여주기 방식과 말하기 방식이 있다고 하죠. 언제부턴가, 아마 아랑이 임신한 뒤였을 거 같은데요, 아이를 가진 여자의 몸의 변화, 그 여자를 둘러싸고 일어나는 일들에 대해 보여주기 방식을 아랑이 전략적으로 쓰고 있구나 생각해 보게 되었고 탁월하다고 느꼈습니다.
ㅡ 보래

 아이를 낳아본 사람은 낳아본 사람대로, 낳지 않은 사람은 낳지 않은 사람대로 만 가지 생각이 드는 글이었다. 출산뿐이랴. 글방에는 육아와 수유에 관한 글도 가끔 나온다.

 아이를 낳은 후에 세상에 적잖이 배신감을 느꼈다. 임신과 출산과 육아, 그러니까 흔히 말하는 임출육의 과정이 여자를 이렇게나 비참하게 만들 때가 많은데 왜 아이를 낳으면 꽃길이 펼쳐질 것처럼 다들 축하만 했던 것인지. 아니 한 사람쯤은 출산 후 근미래에 닥칠 재앙을 알려

줄 수도 있었잖아. 여하간 출산을 하고 나니 내 몸 하나 추스르기도 힘든데 핏덩이를 들이밀고는 누구 하나 가르쳐 준 적도 없는 일을 엄마라면 당연히 알아야지, 아니 여태 그것도 몰랐냐며 천치 취급을 할 때가 많았다. 그중 가장 당혹스러웠던 것은 젖을 물리는 법이었다. 수유실을 몇 차례 다녀오고 나니 익숙해지기는커녕 수유하러 오라는 간호사의 전화가 갈수록 두려웠다. 누가 아이를 낳자마자 모성애가 샘솟는다 말하는가. 누가 모성이 본능이라 말하는가. 아이를 낳는다고 바로 막 찌찌를 아무 데나 내놓고 새끼 배를 불리는 게 인생 최고의 행복이 되는 게 아니다. 수유할 마음의 준비는커녕 이 아이가 내 아이구나 받아들이는 시간이 필요했다. 젖을 물리는 동안 나는 나대로 답답하고 아이는 아이대로 용을 썼다. 젖이란 것이 신기한 게 출산 후 모유가 원활히 분비되지 않거나 혹은 적시에 배출하지 않으면 젖몸살로 돌아온다. 젖몸살이 오면 젖이 퉁퉁 부으면서 딱딱해지고 온몸에 열이 나기도 한다. 감기처럼 땀 빼고 견디면 시간이 지나면서 회복되는 게 아니라 제때 해결하지 않으면 점점 더 심해진다.

— 땅콩,「젖믈리에의 비법」중

이런 글을 접할 때면 나는 많이 쓰자고, 눈치 보지 말고 양껏 쓰자고 말한다. 여성들조차 임신 출산 육아에 대해 쓰는 걸 망설일 때가 있다. 남들 다 하는 일, 이라는 생각이 있어서인 듯하다. 남들 다 하는 사랑 이야기를 몇 천 년 하는 게 예술이다. 수만 년 동안 사피엔스 여성이 목숨 걸고(은유가 아니라 팩트다) 해온 일이 여성에 의해 문자화된 건 고작 최근 200년이다.

인공지능 챗지피티에는 그동안 인류가 축적해 온 대부분의 텍스트들이 입력된다고 한다. 영어, 프랑스어, 중국어, 일본어, 한국어 따위의 고금과 동서를 막론하고 그동안 쌓아온 인류의 지식과 지혜가 대통합 집적되는 중이다. 그중에 여성이 쓴 글은 얼마의 자리를 차지할까? 사천 년 문자의 역사에서 여성이 본격적으로 글쓰기에 합류한 건 최근 200년이다. 긴긴 시간 동안 문자는 남성 지배층의 소유물이었다. 그들의 시선으로 세상을 이해하고 해석하고 확장하고 논평한 이야기들의 대저장고가 인공지능 챗지피티가 될 확률이 농후하다. 그러니 쓸 일이다. 인류의 존속에 가장 직접적으로 이바지한 임신 출산 육아의 이야기, 해보지 않으면 알 수 없어서 어쩌면 남성들이 축소하고 건너뛰고 배제했을 그 이야기, 하고 하고 또 해도 그 분량은 미미하기 짝이 없을 것이니

부지런히 데이터를 저장할 일이다. 그 데이터가 새로운 세상의 윤리와 도덕을 만드는 데 기준이 될 것이므로.

글방에서 나는 세상의 모든 엄마를 만난다. 일곱 밤만 자면 돌아온다고 할머니 집에 맡겨두고는 서른 중반이 넘은 지금까지도 오지 않는 엄마, 알코올중독자 엄마, 사자의 갈기 같은 머리를 한 엄마, 나를 낳고 산후조리를 제대로 못 해 일찍 죽은 엄마, 가부장제에 복무하는 엄마, 가부장제에 저항하는 엄마, 그 모든 엄마들은 딸의 글에서 생생한 표정을 얻는다.

> 나는 엄마를 할머니를 어머님을 그리고 다른 여자들을 통해서 너무나도 똑똑하게 배웠단다. 여자가 아이를 낳으면 어떻게 되는지를 말이야. 그들의 이야기를 하나하나 다 하자면 끝도 없을 거야. 우리 엄마는 아빠랑 같은 학교 같은 과를 나왔어. 둘 다 졸업하고 한의사가 되었지만 졸업하자마자 결혼하고 곧장 나를 낳은 엄마는 집에 있어야 했어. 둘뿐인 서울에서 그 누구의 도움도 받을 수 없었으니까 누군가 한 사람은 나를 돌봐야 했고 그 사람은 '자연스레' 엄마가 된 거였지. 그동안 아빠는 부지런히 선생님들을 쫓아다니며 산으로 들로 나가 약초 공부를 하고 수련하고 실력을 쌓았지. 그렇게 시간이

지나 아빠는 학교로 가서 교수가 되었어. 시간 강사 시절에 생계를 맡을 사람이 필요해졌고 엄마는 그제야 일을 다시 하게 되었어. 졸업한 지 수년 만에 처음으로 일하러 나갈 때 마음은 어떠했을지. 엄마는 그래도 그나마 전문직이니까 어디라도 나갈 곳이 있던 거라고 나에게 말했어. 더 놀라운 건 엄마는 수석입학하고 전액 장학금을 받은 사람이었다는 거지.

— 본본, 「태어나지 않을 너에게」 중

  어쩌면 여성의 글쓰기는 유전자를 바꾸는 일이 아닐까, 생각해 본다. 고백하자면 내가 가장 하고 싶었던 일이다. 청소년기에 나는 생리통이 너무 심해서 기절 직전까지 가는 일이 왕왕 있었다. 한 달에 한 번 일주일씩 피를 흘리는 고통이 30년도 넘게 이어질 거라는 생각은 절망을 넘어 공포에 다다르곤 했다. 왜 인간 여성은 한 달에 한 번 생리를 하도록 진화했단 말인가. 먼저 살아간 여자들이 원망스러웠다. 무슨 부귀영화를 보자고 이런 방식으로 진화했단 말인가. 나름의 이유가 있었겠지만 나는 거부하고 싶었다. 이 난감하고 고통스런 몸의 구조와 시스템. 친구들에게 세상의 모든 여자들이 간절하게 손을 잡고 맹렬하게 기원하면 다른 형태로 진화하지 않을까 토로하면 고맙게도 몇몇은 동조해 주었다. 자궁을 들어내고 싶다고 했다가 엄마에게 맞아 죽을 뻔한 이후 입 밖으로 토설하진 않았지만 이 자비 없는 여성 몸의 시스템은 어떤 식으로든 변화해야 한다는 생각을 멈추진 않았다.

  이제 나는 생리를 하지 않는 몸이 되었다. 맙소사 이런 세상이 있었다니, 이렇게 가뿐하고 이렇게 가볍다. 완경에 이른 내 친구는 말했다. 뭐야, 남자들은 평생 이런 세상을 살았단 말이야. 오랜 내 염원은 예상치 못한 방식으로 실현될 것도 같다. 자연적인 임신 출산이 아니라 인공 출산이 가능하다면 여성이 생의 40년 동안 한 달에 일주일씩 피를 흘리는 일은 고만해도 되지 않겠는가. 진화는 방향도 없고 목적도 없다지만 변칙과 우연 돌연변이에 의해 무한 반복, 만 년이고 이만 년이고 재생되는 오, 지긋지긋한 무한 반복이 멈추어지고 지향점을 바꾸기도 했다. 단단하고 결연하고 영원할 것 같던 원칙과 규칙에서 벗어나기 위해 어떤 생명체들의 고단한 돌진이 있었을 것이다. 지극하고도 극심한 한 줌의 돌격, 그 소망이 글쓰기의 핵심이자 원형이다.

  임신과 출산, 육아 이야기는 그러나 글방에서도 주류를 이루는 이야기는 아니다. 글방에는 몸에 찾아온 병,

우리 집 밥상, 낯부끄러운 이야기, 열렬한 마음, 연애의 법칙, 위험한 생각, 기어이 꽃을 피워낸 당신, 내 삶의 위기, 닮고 싶은 사람, 죄와 벌, 시급한 과제 따위의 세상의 모든 이야기들이 탄생한다. 시키지 않아도 글들은 연결되고 섞이고 밀어내고 다시 결합하고 흩어지고 유유히 흐르고 거스르고 귀환하고 나아간다. 글방은 여성들이 서로의 생각을 공유하고 연대하고 새로운 에너지를 생성해 내는 공간이다. 진화의 흐름과 방향을 만들어 내는 현장이다. 은밀하게 위대하게.

  어떻게 지내냐는 질문을 받으면 글방 하고 글 쓰고 지내, 라고 대답을 한 지도 꽤 되었다. 힘들지 않으세요? 물어오면 공진당 먹으면서 해요, 농반진반 응대한다. 글방 한 지 오래되셨죠, 글방은 언제부터 하셨어요? 라고 물어오면 음, 어디서부터 이야기해야 하나. 떠오르는 얼굴들, 고운 얼굴, 야무진 얼굴, 진지한 얼굴, 새초롬한 얼굴, 생글생글 오, 어제인 듯 도렷한.

2장

멋진 남자와 손잡기

## 소년이 자라
## 청년이 된다

 어쩌다 소년글방을 하게 됐다. 글방을 시작한 이래 내가 운영하는 글방에는 늘 여자들이 많았는데 소년 네 명만이 참여하는 글방을 열게 된 것이다. 처음 만났을 때 5학년 검바는 이미 백여 종의 새를 직접 본 베테랑 탐조 소년이었다. 검바로 인해 나는 새를 보는 사람들의 세계를 알게 되었고 《버드걸》이라는 멋진 책도 읽게 되었다. 양몽도 검바와 같은 열두 살이었다. 순정만화 속 남자 주인공처럼 생겼고 종종 함께 여행을 할 때는 헤드셋을 쓰고 두꺼운 책을 읽는 모습을 시전하곤 했다. 신밧드는 4학년으로 세상 명랑하고 다정하고 놀랍게도 글 쓰는 걸 즐겼다. 지니는 2학년으로 보고만 있어도 미소가 지어지는 사랑스러운 어린이였다. 글쓰기를 시작하기 전 "오늘은 몇 장 써요?" 물어보고는 늘 협상을 시도했다. 글감이 어려우니 세 장만 쓰고 싶다거나 네 장의 첫 줄까지만 써도 되냐거나 자신은 2학년이니 두 장만 쓰고 싶다거나 원고지 매수를 두고 줄다리기를 했다. 지니의 밀당에 나는 언제나 질 준비가 되어 있었지만 진지한 얼굴로 오늘 써내야 할 원고 매수 협의에 임하곤 했다. 어쨌거나 우리는 주로 줌으로 만나 한 시간 글을 쓰고 한 시간 합평을 했다. 종종 듣도 보도 못한 합평에(책 읽고 쓴 독후감에 대한 평으로 그 책 얼마냐고 물어본다든가 따위) 나는 종종 웃음을 참다가 사레가 들리곤 했다.

합평 시간에 지니가 억울하다는 이야기를 했다. 뭐가 억울한지 묻자 선생님이 여자애들 편만 든다는 것이다. 이에 신밧드가 가세해서 억울한 이야기에 불이 붙었다. 장난치다가 실수로 여자애를 살짝 건드리기만 해도 선생님은 혼을 낸다, 반대로 여자애가 나를 때렸을 때는 장난으로 그런 거니 봐주라고 한다, 싸울 때도 여자애들 편만 든다, 남자들을 차별한다, 따위의 내용이었다. 에이, 그럴 리가 있나, 내 말에 지니가 목에 핏대를 세우며 말을 했다.

"간식도 여자애들 먼저 먹게 하고요, 체육 시간에도 여자애들 하고 싶은 걸 먼저 해요."

"정말 그렇다면 선생님께 이 문제를 제기하고 여자 친구들과 토론을 해보면 어때?"

지니와 신밧드가 손사래를 쳤다.

"안 돼요 안 돼, 여자애들이 말을 너무 잘 해요. 말로 이길 수가 없어요."

요란한 토론을 어쩐지 냉소적인 표정으로 바라보며 (우리도 그 시절 다 보내봤지 하는 얼굴) 한 마디도 안하는 검바와 양몽에게 의견을 구했다. 그들에 의하면 4학년 때까지는 그러한데 5학년이 되면 아예 서로 말을 하지 않고 놀 때도 따로 놀고 신경을 안 쓴다는 거다. 속으로는 관심이 많은데 겉으로만 그런 척하는 거 아니냐고 물어보자 절대 아니라며 선을 그었다. 지니와 신밧드는 여자애들이 자기들보다 힘도 세고 논리적으로 말도 잘하고 시끄럽고 극성맞다고 관자놀이에 힘줄을 세우며 의견을 피력했다. 이토록 격렬한 합평 시간은 처음이었다. 어쨌거나 그날 나는 여자 친구들은 학교를 다니는 동안 내내 만나고 졸업하고 회사에 가도 만나고 결혼해도 만나니 잘 지내보는 방법을 찾아보자고 마무리를 했다.

수업을 마치고 한동안 '억울하다'는 말이 머릿속을 떠나지 않았다. 20대 청년 남성의 보수화 경향을 논할 때 첫머리에 나오는 분석이 억울함의 정서라는 글을 여러 군데서 본 적이 있다. 20대 남성은 사회의 주류 담론을 20대 여성이 장악하고 이들의 투쟁과 요구로 여성 관련 정책이 진화하는 반면 청년 남성이 겪는 문제는 소외되어 사회적 공정성이 무너지고 있다고 느낀다는 것이다. 취업의 장이나 학교에서 여성들은 더 이상 차별받는 존재가 아닌데도 사회적 자원을 여성들에게 편파적으로 할당하는 것에 대한 불만이 분노로 이어지고 여성에 대한 혐오로 번진다는 고찰은 확실히 따져 물어보아야 할 것이 많은 이야기지만 20대 남성의 좌표에서 한 가지는 확실하다. 그들은 한반도 역사상 처음으로 여성 혐오적 발언과 행동이 제재 혹은 처벌받을 수 있다는 사실을 각성한 혹은 인지한 세대라는 것이다. 이전 세대의 윤리와 도덕을 무비판적으로 이어받아 살다가는 자칫 범죄자가 되는 세상에 살아야 하는 첫 청년 세대인 셈이다.

윤리와 도덕이란 삶의 질서 전반을 관통하는 행동 규범이다. 사랑의 언어, 연애의 기술, 이별의 방식이 창의적으로 재조직되어야 하는 시대가 왔음을 사실 내 주변의 청년 남성들은 이미 감지하고 있다. 성별 임금 격차,

정부 각료의 남녀 성비, 기업 고위직의 남녀 비율까지 전 사회를 관통하는 새로운 도와 덕이 필요함도 인정한다. 육아 휴직도 적극적으로, 돌봄과 가사 노동은 공공의 영역에서 재편해 해결하자는 주장에도 청년 남성들은 동의한다. 다만 대전환의 시대에는 혼돈과 시행착오와 딜레마가 뒤섞이는 법. 백래시의 열풍이 부는 듯하지만 도도한 시대정신을 거스를 수는 없을 것이다. 청년들은 다시 사피엔스의 최전선(무모해서 눈부신)으로 돌아올 것이다. 어쩌면 지금은 시대착오적인 옛것들과 이별하기 위해 고군분투하는 청년 남성들과 손을 잡을 때다. 시대의 흐름에 맞지 않는 후진 발상이나 생각, 행동과 단호한 결별을 할 수 있도록 다정한 연대가 필요하다. 연대는 다음 세대와도 해내야 하는 주요한 책무다. 소년들이 자라서 청년이 된다. 소년들의 '억울하다'라는 말에 주의를 기울이고 살피고 토론하고 함께 문제 해결의 실마리를 찾아보아야 하는 이유다.

어떤 시절에는 여성 교육이 시급한 때가 있었다. 여성들이 배움에서 소외되던 시절, 학교 문턱에도 가보지 못하고 문자를 다루는 영역에서 배제되던 시절 여성 교육은 시급하고도 절실한 문제였다. 지금은 소년들의 공부가 매우 중요한 시절이라고 나는 생각한다. 소년들이 느끼는 억울함의 맥락을 잘 풀어헤쳐 유연하고 개방적이며 탄력적으로 다루어야 할 이유다. 각각의 성이 지닌 고유성과 개성을 존중하고 새로운 관계의 틀과 내용을 만들어 내는 공부를 교실에서 집에서 학원에서 훈련하고 공부해야 한다. 10년도 채 되지 않아 이들이 청년이 될 것이므로. 어떤 어린 시절을 보내고 어떤 청소년기를 보내느냐에 따라 청년의 얼굴이 달라질 것이므로.

 검바와 양몽은 올해 중학교에 입학했다. 청소년으로 진입한 것이다. 지니는 4학년이 되어 원고지 네 장 정도는 너끈히 써내는 사람이 되었다. 신밧드는 종횡무진 자신이 경험하고 이해하고 해석한 세계를 펼쳐내며 매주 인생작을 경신하고 있다. 나는 공들여 이들과 쓰고 말하고 읽고 여행한다. 요 소년들이 진부하고 낡은 것들에 돌이킬 수 없는 균열을 내고 총명한 여성을 동료로 인정하고 오래된 습관 따위 유전자에서 미련 없이 삭제하며 다가올 세상의 주체가 되길 바라는 마음으로. 매년 강도가 높아지는 재난과 문명사적 위기를 함께 이겨나갈 동지들이 오늘 그 용맹하고 영리하고 사나운 여성 가운데 있음도 잊지 않길 바라며.

내가 내 인생에서
가장 많이 운 적은 언제일까
아마 장난감 사달라고
어릴 때 쫄랐을 때일 거 같다
그러면 같이 간 할아버지께서
남자는 우는 거 아니야, 뚝
남자는 인생에서 2번 우는 거야
첫 번째 태어날 때
두 번째 부모님 돌아가실 때

어이가 없다

신밧드가 쓴 시다. 남성성 가부장제 요런 거 한 번에 전복하는, 오, 근사한 시다.

## 자발적 멸종주의자

평을 만났다. 평은 내가 일했던 여행학교 로드스꼴라의 1기 졸업생이다. 장차 어떤 인물이 될까 몹시 궁금했던 학생 중 한 명이었는데 자발적 멸종주의자가 되어 내 앞에 나타났다. 로드스꼴라 신입생들의 시작 파티 때 졸업생들을 초대했는데 마침 평도 한국에 있던 차라 오게 되었다.

"음, 저는 어딘이 왜 저를 이 자리에 불렀는지 잘 모르겠습니다. 학교 다닐 때 하지 말라는 일을 골라서 했는데 어쩐지 이 자리에 서니 그 일은 까맣게 잊고 길별*들 말씀을 잘 들으라는 말을 하게 되네요. 하하."

유쾌하게 시작 파티를 마치고 평과 창과 삐삐, 1기 졸업생들과 밥을 먹고 차를 마셨다. 근황을 나누고 다른 이들의 소식을 공유하고 함께 했던 여행 이야기를 깔깔대며 하던 중에 평이 자신은 '자발적 멸종주의자'라는 말을 했다. 무심하고 자연스러워서 '채식주의자가 되었어' 하는 말과 비슷하게 들렸다. 오다기리 이후 처음 만나는 자발적 멸종주의자다.

오다기리, 지금은 낯설지 않은 이름이다. '오다기리 조'라는 배우가 있으니 모두 친근하게 그 이름을 부르는데 내가 오다기리를 만났을 때만 하더라도 그 배우가 알려지기 전이라 처음 들어보는 일본 이름이었다. 부를 때마다 웃음을 참느라 딸꾹질이 나올 정도로 초반엔 오다기리라는 이름이 낯설고도 웃겼다. 우리 집에 삼 일이나 머물렀으니 적응이 되기까지 아랫입술을 몇 번이나 깨물어야 했다. 오다기리상, 차 마실래요? 오다기리상, 내일은 몇 시에 들어오실 예정인가요? 오다기리상, 먹고 싶은 한국 음식 있어요?

당시 나와우리 일을 하면서 일본 시민단체 사람들을

---

\* 로드스꼴라에서 교사를 이르는 말. '길잡이 별'의 준말.

만날 기회가 자주 있었는데 혼자 출장을 오는 사람들이 종종 우리 집에 머물곤 했다. 오다기리는 공무원 일을 하면서 장애인 운동을 하는 이였다. 도쿄에서 한 시간 가량 떨어진 수도권에서 일을 하는데 경기도 부천과 연대 사업을 하는 터라 자주 한국을 방문했고 '위안부' 문제나 한일과거사 문제에도 관심이 많았다. 능숙하지는 않지만 한국어도 잘 하는 편이어서 간간이 영어를 곁들여 소통하면 속 깊은 이야기도 나눌 수 있었다. 어느 날 같이 저녁을 먹다가 (아마도 일본과 한국의 교육 시스템 얘길 하던 중에) 무심코 물어보았다.

"오다기리상은 아이는 몇이나 낳을 예정이에요?"

"음, 아마도 낳지 않을 생각입니다."

신중하고도 결연한 대답이었다.

"아내와도 논의가 끝난 거예요?"

"네, 우리는 아마도 그렇게 합의했습니다."

"왜인지 물어봐도 될까요?"

"음, 나는 '도쿄'의 '중산층 가정'에서 '남자'로 태어나 '부모'의 보살핌 아래 자랐습니다. '대학'도 나왔고 직업도 '공무원'입니다. 게다가 '이성애자'이지요. 특별한 장애도 없습니다. 나는 세상의 모든 기득권을 다 가지고 있습니다. 사실 아내와 저는 혼인신고 없이 그냥 같이 살기로 했다가 양쪽 부모님이 아주 원하셨기 때문에 결혼식도 했습니다. 제 삶의 조건은 온전히 메이저의 영역에 속해 있습니다, 원하든 원치 않든. 장애인 운동을 하면서 내 삶의 어느 한 부분은 마이너리티한 부분에 두고 싶었습니다. 아내와 제가 자발적으로 선택할 수 있는 마이너리티한 조건이 아이가 없는 삶이었습니다. 일본도 한국과 마찬가지로 결혼을 하고 나면 에, 이제 아이는 언제 낳나, 하고 물어보고 참견도 하고 간섭도 합니다. 아이까지 있다면, 음, 제가 결핍이 너무 없습니다."

잠시 말없이 맥주를 마셨던가. 신박한 이야기였다.

"음, 이번엔 내가 물어보아도 될까요?"

오다기리가 말했다.

"현아 씨는 결혼을 하거나 아이를 낳을 계획이 있으신가요?"

참 많이도 들었던 질문이지만 오다기리가 일본 사람 특유의 한국어로 물으니 어쩐지 새삼스러웠다.

"아니오."

"혹시 이유를 물어봐도 될까요?"

조심스레 오다기리가 되물었다.

"반복이 싫어서요. 동일한 것들의 무한 회귀, 사랑마저도. 자발적 멸종주의자예요."

잠시 생각하던 오다기리가 잔을 들며 말했다.

"에, 아마도 명랑한 자발적 멸종주의자네요."

찬 맥주를 얼마든지 마셔도 탈 따위 나지 않던 시절, 그런 시절이 있었다. 20세기 말이었고 오다기리도 나도 마악 서른을 넘긴 나이였다.

평도 그때 우리와 비슷한 나이대로 진입하고 있다. 평의 전공은 삼림과학이다.

"삼림과학과 삼림공학의 차이는 뭐야?"

"삼림공학은 유전공학이라고 생각하시면 되구요, 삼림과학은 자연환경부에 속하는데 전체적으로 삼림을 관리한다고 이해하시면 돼요. 시간의 흐름에 따라 숲도 변화해 가는데 자연천이가 이루어지도록 그대로 두는 게 아니라 인간의 입장에서 조율하고 조정하는 일을 하는 거죠."

"핀란드에 갔을 때 그 이야기를 들은 적이 있어. 50년마다 한 번씩 나무를 다 베어내고 새로운 숲을 조성한다는. 그 이야기를 듣고 '아, 숲도 설계되는구나'라는 생각을 처음으로 했어. 핀란드는 삼림이 기간산업이라 하더라고."

"맞아요. 캐나다도 목재산업이 매우 발달한 나라예요.

캐나다도 지난 세기에는 50년마다 한 번씩 전체 수종의 10퍼센트 정도만 남기고 다시 나무를 심어 새로운 숲을 조성했는데 21세기 들어 삼림관리법이 개정되면서 100년에 한 번씩 다시 숲을 조성하게 되었어요. 전체 수종도 20~25퍼센트를 남기도록 해서 숲이 자연적인 재생을 할 수 있도록 신경을 쓰구요. 자연림으로 기능할 수 있도록 인간이 덜 간섭하는 방향으로 법이 바뀐 거죠. 지속 가능한 숲에 대한 연구와 고민이 계속되고 있고 저도 그런 공부를 하고 있어요. 지속 가능한, 이 말 로드스꼴라 다닐 때 많이 들었던 건데, 삼림 공부를 하면서도 여전히 계속 쓰고 있네요."

곰곰 자세히 보니 펑, 이 녀석 어쩐지 나무를 닮았다. 나무를 너무 많이 보아서인가. 방학 때도 화원에서 아르바이트를 하고 집에서도 가지가지 식물을 키운다더니.

"왜 때문에 자발적 멸종주의자가 된 거야?"

"환경 문제에 대해 어렸을 때부터 많이 듣잖아요. 나는 뭘 할 수 있을까, 오래 생각을 했는데 '자발적 멸종 운동'이란 걸 알게 됐어요. 환경 문제의 원인을 잘 들여다보면 사실 인구가 지나치게 많아지면서 일어나는 경우가 대부분인 거 같아요. 어느 한 종이 과잉된 상태가 되는 건 자연스럽지 않은 일인 거 같기도 하구요."

"연애를 안 하거나 비혼주의자거나 그런 거랑도 연관이 되는 거야?"

"아, 어딘 그렇진 않구요 하하하. 연애도 하고 결혼도 연이 되면 하는데 아이를 낳지는 않겠다, 라고 생각하는 거예요. 지금이 조선시대는 아니니까 대를 잇는다 이런 개념에 사로잡히지 않아도 되고, 아이를 키우는 기쁨을 누리고 싶다면 입양의 방식도 있구요. 단기간에 결정한 건 아니고 오랫동안 공부하고 친구들과 대화하고 다른 사람들의 영향도 받으면서 마음을 정한 거예요."

"캐나다에 간 거나 삼림과학을 전공한 게 영향을 미친 부분이 있는 걸까?"

"아마도요. 숲에 대한 고민과 정책은 우리보다 한 걸음 더 나가있는 거 같고 일상도 자연과 닿아있는 부분이 많다 보니까 뭐랄까, 조금 더 자연친화적인 인간이 되는 거 같아요."

평이 다니는 대학 앞에는 우리나라 면적만 한 호수가 있단다. 매일 호수를 바라보며 호숫가를 걸으며 호수 너머로 지는 해를 보며 호숫가를 날아다니는 새를 보며, 아마도 평은 학교를 다녔겠지. 평의 언어는 평화롭고 부드럽다. 20대 후반의 남자들이 잘 쓰지 않는 문장도 자연스럽게 구사한다.

"함께 배울 수 있는 친구가 좋아요. 창은 저에게 영감을 주는 친구예요. 저는 아직도 부모님이 지원해 주는 돈으로 공부를 하는데 창은 스스로 돈을 벌고 살 공간을 마련하고 어쨌거나 의식주를 해결하잖아요. 창을 보면서 저도 자립해야겠다는 생각을 계속 하죠. 로사도 저한테 그러더라구요, 이만큼 오지 않을 거면 만날 생각 말라구요."

평이 팔을 쭉 뻗으며 말했다.

"페미니즘에 관한 이야기였어요. 그렇게 아이 상태로 머물러 있을 거면 아예 만나지 않겠다고 그러더라구요. 그래서 열심히 여성주의에 대해서도 공부하고 있어요. 이렇게 자극을 주는 친구가 있다는 게 감사한 일이죠."

옆에 앉아있던 창이 쑥스러운지 몸을 베베 꼰다.

"횡성에 소고기 먹으러 다 같이 한번 갈까?"

좋지요, 라고 말할 줄 알았는데 창이 시큰둥하게 반응한다. 소고기 안 먹어요, 평.

"아 네 어딘, 제가 소고기는 안 먹어요. 원래는 모든 고기를 안 먹는 채식을 하다가 한국에 돌아와 엄마 아빠랑 함께 사니 그게 힘들어져서 지금은 소고기만이라도 안 먹는 채식을 하고 있어요."

"횡성은 소고기로 유명한데 소고기만 안 먹는구나."

"네, 탄소 배출량과 동물권 생각하면 소를 키우는 방식을 완전히 바꾸지 않는 한 먹으면 안 된다고 생각해서요."

"캐나다에서 살면서 채식하는 게 힘들지 않았어?"

"아니오, 캐나다는 비거니즘 인프라가 잘 되어 있어서 마음만 먹으면 쉬워요. 모든 마트에 다 비건 코너가 있고 대체육도 많고 무엇보다 비건 인구가 많아서 대부분의 식당에도 비건 메뉴가 다 있어요."

페미니즘도 비거니즘도 불편해하지 않으면서 어색해하지 않으면서 도란도란 말하는 청년을 오랜만에 만난지라 나는 좀 신기하고 흐뭇했다. 100년을 두고 세우는 계획, 요즘 같은 시절에 하기 어려운 이야기를 나누는 것도 즐거웠다. 정원 가꾸기에 진심인 사람들의 이야기를 듣는 것도 삼삼했다. 지난 설 즈음 평과 통화를 하던 중에 그가 그랬다.

"어딘이랑 한 시간 동안이나 이야기를 한다는 게 너무 신기해요. 어떻게 된 일인가 싶어요."

나는 앞으로도 평이랑 할 이야기가 많을 거 같다. 나무와 꽃과 풀과 정원과 새에 대해 오래오래 이 자발적 멸종주의자와 이야기 나누고 싶다.

잘 사는 청년
제제

 사업자등록증을 내야 할 일이 생겼다. 별 고민 없이 제제에게 도움을 청했다. 새로 시작하는 작은 규모 사업장들이 잘 자리 잡을 수 있도록 재무 회계의 근간을 잡아주는 일을 한다는 소식을 들었기 때문이다.
 오랜만에 만나 근황을 공유했다. 제제는 최근 공부 모임을 시작했다고 한다. 몇 명의 또래 청년들과 일주일에 한 번 만나 책을 읽고 글을 쓰고 영화나 드라마를 보고 이야기를 나누는 모임이란다. 최근에는 넷플릭스 드라마 〈소년의 시간〉을 보았다길래 어떤 감상평이 오갔냐 물으니 토론을 미루었단다. 여러 가지 고민, 그러니까 친구를 살해한 주인공 소년의 이야기를 맥락은 이해하지만 가해자의 시선을 따라가는 것이 옳은가 같은, 이 생겨 드라마와 관련한 강의나 글을 더 찾아보고 토의하기로 했다고. 제제와 친구들은 여성학자 권김현영의 '〈소년의 시간〉과 남성성 문제, 각주와 이어쓰기'라는 강의를 듣고 다시 모이기로 했단다. 귀한 청년들일세.

  두 번째 근황은 따밥 행신점에서 일주일에 한 번 하는 자원 활동. 따뜻한 밥상의 줄임말인 따밥은 삼천 원으로 누구나 배불리 먹고 마음을 나눌 수 있는 지역 공동체를 꿈꾸는 모임이란다. 김치찌개가 메인 메뉴고 청년 노인 청소년 누구나 와서 삼천 원에 한 끼를 먹을 수 있는 식당인데 제제는 요리도 하고 서빙도 하고 설거지도 하고 청소도 하는, 우리가 한 시절 MD라고 불렀던, 뭐든지 다 하는 일을 한다. 덕분에 일주일에 한 번 꼭 김치찌개를 먹는데 엄청 맛있다니 한번 가볼 일이다. 제제는 믿고 먹을 수 있는 실력 있는 요리사다. 로드스꼴라에서 함께 일하던 시절, 청소년평화캠프를 진행하면서 삼 일 내내 제제와 함께 삼십인 분 점심을 직접 준비했다. 카레, 닭볶음탕, 김치전, 배추전, 미역국, 된장찌개, 샐러드, 국수, 가지가지 요리를 두 시간에 걸쳐 볶고 지지고 끓였다. 캠프에 참여한 청소년들이 어찌 맛있게 먹던지

뿌듯했지만 몸은 파김치가 됐다. 오후에 내가 쉬는 동안 제제는 퍼커션 수업도 진행하고 아프리칸 댄스 워크숍도 참여했다. 언제나 어디서나 강철체력. 인생을 사는 데 그것 말고 무엇이 필요한가, 이제 나는 생각한다.

  오랜만에 얼굴 보는 터라 생선구이로 맛나게 밥을 먹고 본격적으로 일 얘기를 하려 했지만 역시나 또 다시 수다를 떨게 됐다. 어쩌다 회계 업무 일을 하게 되었냐는 질문에 제제는 '가계부 챌린지' 이야기를 꺼냈다.

  "로드스꼴라에서 일하면서 재무 회계 일을 배우게 되었는데 재미있었어요. 그동안 해왔던 일은 정답이 없는 경우가 많았는데, 이 일은 똑떨어지는 정답이 있는 게 좋았어요. 그런 일이 의외로 몸과 마음을 가뿐하고 명료하게 만들어 주더라고요. 일의 과정은 지난해도 내역들 하나하나 확인하고 이게 맞나 저게 맞나 고민한 뒤에 딱 완성된 표로 보면 '아, 너무 예쁘다' 생각이 드는 거예요. 되게 예뻐요. 수입과 지출의 합계가 딱 맞아서 모든 것이 하나의 틀로 딱 완성됐을 때, 아 그래 예쁘다 이런 생각이 들어요."

  자꾸 이쁘단다. 누군가에게는 지끈지끈 머리 아프고 세상에서 제일 하기 싫은 일이 결산 보고서 쓰는 일인데 제제는 표도 이쁘고 데이터도 이쁘고 숫자도 이쁘단다.

이쁘다, 라는 말을 할 줄 아는 이 청년이 새삼 이쁘다. 남자들에게 이쁘다, 라는 말을 들은 적이 별로 없다. 이쁜 걸 보고 이쁘다 말할 줄 아는 사람이라면 슬픈 걸 보면 슬프다 말할 수 있을 거고, 가슴 아픈 걸 보면 가슴 아프다 말할 수 있을 거다. 거기서부터 출발하는 거다. 세상의 모오든 관계, 우정 연애 이별 연대 사랑 회복…….

 가계부챌린지는 우연히 시작하게 됐단다. 친구와 대화를 나누던 중에 어쩌다 가계부 쓰는 이야기를 하게 됐다. 친구는 가계부를 3개월 이상 써본 적이 없다고 했다. 처음엔 단순하게 지출을 좀 알아보자 해서 일주일에 한 번씩 같이 소비 현황을 들여다보았다. 자연스럽게 이런 지출은 줄이고 이 항목은 이렇게 관리하자는 식의 이야길 했는데 너무 도움이 된다며 자신이 하는 사업장의 수입 지출 관리를 같이 해줬으면 좋겠다는 제안을 했다. 수입 지출을 시스템화하고, 그러다 보니 사업의 고민에 대한 이야기도 나누게 되고 비전과 전망에 대한 논의도 함께 하게 됐다. 그 친구가 주변 친구들한테 그 이야길 전하자 의외로 가계부를 써보고 싶어하는 청년들이 많았단다. 가계부 쓰는 거 너무 해보고 싶은데 매번 실패한다, 그럼 같이 해보면 좋지 않을까, 라는 의견들이 나왔고 그렇게 가계부 챌린지가 시작됐다.

가계부챌린지를 하면서 제제가 알게 된 건 청년들의 삶의 방식이다. 돈이 없을 때 청년들이 가장 먼저 줄이는 게 '식비'라는 것도 가계부챌린지를 하면서 알게 됐다. 수입이 줄면 제대로 된 밥 대신 삼각김밥, 컵라면 따위로 끼니를 때운다. 가장 쉽게 줄일 수 있기 때문이다. 제제는 예산을 짤 때 절대 하지 말 것이 식비를 줄이는 것이라 강조한다. 그걸 줄이는 순간 삶이 망가진다고.

가계부챌린지의 첫 번째 목표는 3개월 치 여윳돈을 만들어 두는 거다. 예를 들면 고정비용, 유동비용, 특별지출비용이 100만원이라면 시발비용*에 300만 원 정도를 적립해 둔다. 혹시 돈을 못 벌 상황이 생겨도 3개월 정도 먹고살 수 있는 물적 토대는 생각보다 큰 안정감을 준다. 실전에서 성공 사례도 나왔다. 가계부챌린지의 참여자 중에는 오랜 시간 프리랜서로 일하는 사람들이 많았는데 대부분이 생계에 대한 불안감을 하루도 내려놓은 적이 없다고 토로했다. 돈이 들어오는 달이 있고 안 들어오는 달이 있고 들쭉날쭉한 재정 상황은 스트레스와 우울을 유발한다. 3개월 정도 돈이 안 들어오는 상황

---

\* 스트레스를 받지 않았다면 쓰지 않았을 비용을 일컫는 신조어.

이 생겨도 일단 먹고살 수 있겠구나, 하는 상황을 구축하는 것, 만성 불안으로부터 해방되는 것이 가계부챌린지의 가장 큰 목표였다니 나를 살리고 이웃을 살리는 프로젝트인 셈이다. 한 사람 한 사람에게 가계부 쓰는 루틴과 소비 습관을 점검하는 법을 알려주던 제제는 이제 조금 다른 야망이 생겼다. 개인이 아니라 팀 혹은 조직 단체와 장기적인 프로젝트를 해보고 싶어졌다. 지인들에게 먼저 제안서를 보냈고 곧 함께 일을 하게 됐다. 신생 조직과의 협업은 제제가 앞으로도 하고 싶은 일이다. 요번 참에 내 일을 맡게 되기까지 제제가 걸어온 길이다.

 프리랜서로 살면서 제제는 삶의 양식을 재편했다. 일단 구독을 안 한다. 넷플릭스도 구독하지 않는다. 고정비용을 줄이기 위해서다. 온라인으로 쇼핑하지 않고 집 근처 시장에서 장을 보는 이유도 마찬가지다. 고정비용을 줄이지 않으면 일을 더 많이 해야 한다. 밖에서 밥 사 먹는 비율도 많이 줄였다. 되도록 집에서 직접 해 먹는다.

 "프리랜서를 선택한 이유 중 하나는 내 시간을 자유롭게 쓰고 싶어서였어요. 시간을 자유롭게 쓴다는 건 사실 돈을 많이 안 벌겠다는 말과 동일해요. 모든 걸 가질 수는 없잖아요. 시간을 선택한 대신 몸을 좀 더 쓰는 수고를 하는 거죠. 자본주의 사회에서 시간을 내가 원하는 대로 쓰겠다는 삶의 양식을 선택한 건 돈을 적게 써야 하는 삶의 방식 또한 선택하는 거거든요. 밥은 거의 집에서 해 먹죠. 친구들 만날 때나 정말 기분이 좋은 날이 아니면 외식은 거의 안 해요. 그렇다고 무턱대고 아끼지는 않아요. 가계부를 쓰는 가장 큰 이유는 소비를 줄이는 게 아니라 불필요한 곳에 쓰는 돈을 아껴서 내가 행복해지는 일에 투자를 하자는 게 가장 커요. 서핑을 하거나 친구들과 기분 좋게 한잔하거나. 반대로 힘든 일이 있을 때 동네 친구들과 맥주를 마시는 것도 저에게는 중요합니다. 일주일에 두세 번 몸에 열을 내는 운동도 꼭 해요. 요가도 다시 시작했어요. 지출 탑 파이브를 보면 내가 가장 좋아하는 일이 뭔지 사실 잘 드러나요. 가장 많이 돈을 쓰는 영역이 내가 좋아하는 일이죠, 자본주의 세상에서는."

자본주의의 핵심 구조는 시간에 대한 통제권을 누가 소유하는가다. 노동자는 자신의 시간을 고용주에게 팔아 임금을 받는다. 시간을 산 사람은 시간을 판 사람의 삶을 관리하고 제약한다. 출퇴근 시간, 점심시간, 휴가, 월차, 연차, 야근 등등을 설정하면 피고용인들은 그에 맞추어 일상을 설계하고 기획한다. 익숙하고 당연한 그 시스템에 오호라 제제가 균열을 내고 있다. 시간을 셀프

컨트롤 하는 삶을 '선택'했으니 자본주의 변종이랄 수 있겠다. 진화는 변종에서 시작된다. 스스로 시간을 관할하고 조정하는 이들을 통제하는 건 쉽지 않다. 그들은 삶의 방향을 자의적으로 설정하고 다른 미래를 설계하고 지금 원하는 것을 미루지 않는다.

시간을 능동적으로 쓸 수 있는 삶을 사는 제제는 파도가 좋을 때 훌쩍 파도 타러 떠난다. 파도는 내가 원할 때 오지 않는다. 좋은 파도는 바람과 계절, 우리가 아직 다 알지 못하는 바다 밑바닥의 온갖가지 생태계의 조화, 아마도 달과 별의 기운까지 합쳐져 만들어진다. 서퍼 제제는 때를 놓치지 않고 파도를 탄다. 때를 놓치지 않는 습관은 6차 대멸종의 시대에 접어들었다는 경고를 받은 전 인류에게 필요한 게 아닐까. 사피엔스에게 닥친 위기를 예민하게 감지하는 것, 사건이 닥쳤을 때 벼락같이 행동하는 것, 버릴 파도는 미련 없이 버리고 올라탈 파도에는 능란하고 재빠르게 일어서는 것. 우리가 획득해야 할 삶의 기술이 아닐까.

지난겨울, 제제는 계엄령이 선포된 당일 국회 앞으로 달려간 청년이다. 언제 일어서야 할지 몸으로 익힌 청년의 민첩한 선택이었다. 스스로 시간을 다루는 개인이 만나게 되는 건 의외의 풍요로움이다. 물론 예비된 가난도 있다. 제제는 다른 식의 온족함을 선택했고 그 시간을 즐기고자 일상을 촘촘히 견고히 직조한다.

엄마의 유품 중에는 가계부가 있었다. 삼십 대부터 돌아가시기 전까지 해마다 꼼꼼하고 치밀하게 기록한 가계부는 작은 수첩부터 관공서 다이어리, 은행에서 제작해 나누어준 가계부까지 모양과 형태도 다양했다. 현아 신발 호석이참고서 주석이자전거 대학등록금, 고사리 배추 연탄 귤 사과, 각종 부조, 삼촌장가비용, 할머니 환갑잔치비용까지 우리 가족이 살아온 모양이 정직하고도 아프게 담겨있었다. 신년에 세운 예산과 연말 결산 사이 간극이 생기지 않도록 엄마는 밤마다 상을 펴놓고 미간에 주름을 만들며 가계부를 썼으리라. 지방 공무원 아빠가 가져다주는 박봉으로 엄마는 우리 삼남매를 먹이고 입히고 교육시키고 여행도 데리고 다니고 독립해 분가할 때는 집 장만도 도와주었다. 칠남매 맏며느리로서 고모 삼촌 시집 장가 보내는 일에도 한 몫을 담당했다. 1년에 열 번 제사도 지냈다. 엄마의 가계부는 산 자와 죽은 자를 알뜰히 살뜰히 돌본 기록이었다.

제제는 회계와 재무의 영역이 차가운 숫자가 아니라 살림이자 돌봄인 것을 이렇게나 젊은 나이에 안다. 안 것을 전파하고 나눈다. 자신이 가진 것이 무엇인지를 파

악하고, 좋아하는 게 어떤 것인지 알고, 불안한 게 무엇인지 살펴 서로 돕고 연결하며 사는 게 남는 장사이자 수익이라고 제제는 말한다.

분산투자는 제제가 불안을 해소하는 또 하나의 방식이다. 돈뿐만 아니라 사람과의 관계도 분산투자를 하면서 제제는 마음이 두터워지고 유연해지고 가벼워졌다.

"계란을 한 바구니에 담지 말라, 이런 얘기 많이 하잖아요. 어느 날 인간관계도 그렇겠다는 생각이 들더라고요. 한 시절 일도 공부도 놀이도 함께 했던 친구들이 있었단 말이죠. 일을 그만두니 관계도 무너지더라구요. 한동안 좀 힘들었는데 그때 내린 결론이 '인생에서 느슨한 공동체가 한 다섯 개만 있으면 참 풍요롭겠다'라는 거였어요. 그래서 다섯 개를 만들었죠. 고민은 여러 사람과 나눠야 한다는 걸 알아가면서 마음이 조금 편안해지고 너그러워졌어요. 어려운 건 애인과의 관계죠. 애인들은 왜 모든 고민을 자기와 나누기를 원할까요?"

하하하하, 우리는 또 웃었다. 답이 없는 문제라는 걸 알기에. 고대로부터 오늘에 이르기까지 애인과의 관계는 가장 간단치 않은 일 중의 하나다. 살아보니 세상에는 답이 있는 문제도 있고 답이 없는 문제도 있는데, 있는 건 찾아보고 없는 건 그냥 두면 될 일이더라.

헤어지기 전에 제제가 가방에서 뭔가 주섬주섬 꺼낸다. 마늘장아찌다.

"요새 입맛이 없어서 만들어 봤어요."

"엇, 나도 그런데. 너무 고마워. 귀찮았을 텐데. 간장이랑 식초랑 끓여서 한 거지?"

"네, 두 번 끓였어요. 마늘은 향이 세서 두 번 끓여 부어줘야 돼요."

예전에도 제제에게 피클을 얻어먹은 적이 있다. 유럽 여행 갔다 오며 허브 감기차도 사다주고 발리 갔다 오며 과자도 사다 준다. 다정한 사나이다.

나는 제제에게 빚이 있다. 여행학교 청소년들과 몽골 여행을 할 때였다. 다신칠링에서 나무 심기 프로젝트를 끝내고 하라호른까지 이동해야 하는 날, 허리가 아파왔다. 무리하면 허리가 아픈 게 고질인데 한밤중에 응급실까지 갔던 기억이 있어 허리 통증이 생기면 일단 공포가 발생한다. 다신칠링에서 하라호른까지는 꼬박 여섯 시간 버스를 타야 했다. 이대로 버스를 탔다가는 큰일 나겠다 싶은 마음에 난감하고 두려웠다. 상황을 안 제제가 누워보라고 하더니 허리를 눌렀다. 땀을 뻘뻘 흘려가며 십여 분간 몸무게를 실어 꾹꾹 누르더니 잠깐 멈추고 두

손바닥을 비볐다. 그리고 그 손바닥을 내 허리에 댔다. 마찰로 뜨거워진 열기가 허리에 그대로 닿았다. 맙소사, 이토록 지극하고도 절실한 위무라니. 눈물이, 번져 나왔다. 내 동지는 그렇게 두 번 세 번 손바닥으로 마찰을 일으켜 허리에 댔다. 척추가 부드럽고 말랑해지는 느낌이었다. 코를 훌쩍이며 나는 생각했다. 동지, 이 은혜를 잊지 않으리.

그날 나는 무사히 하라호른까지 갔다. 몽골의 옛 수도 그 드넓은 평원에서 우리는 양껏 바람을 맞고 역시나 춤추고 노래했다. 까치도 호랑이도 은혜를 갚는다. 사피엔스도 서로서로 은혜 갚으며 산다. 우주 삼라만상도 은혜 갚으며 산다. 나도 제제도 그 파동 안에 있다.

## 파 군에게

로드스꼴라에서는 매 학기가 끝날 때마다 평가서라는 걸 썼다. 학생은 학생대로 자신이 보낸 한 학기를 회고하며 프로젝트를 잘 수행했는지 되돌아보고 교사는 교사대로 학생에게 하고 싶은 이야기를 쓴다. 돌이켜 보면 가장 공들여 했던 일 중의 하나다. 어린 시절 통지표에 써있던 선생님의 서너 줄 코멘트, 말이 없고 새침하지만 자신이 할 일은 책임감을 갖고 완수합니다, 따위가 두고두고 기억에 남았던 걸 생각하며 그와 내가 함께했던 각별한 시간을 잘 기록하고 싶었다.

파 군은 로드스꼴라 졸업생이다. 다음은 파 군이 졸업

할 때 썼던 평가서다.

---

파 군에게

에이프릴의 이야기로 시작을 해보겠습니다. 6~7년 전에 로드스꼴라를 다녔으니 파 군의 선배라 할 수 있겠네요. 남자 학생입니다. 당시 나는 글쓰기 담임이어서 일주일에 한 번 그의 글을 볼 수 있었습니다. 아마 초여름 즈음이었던 거 같습니다. 전 주에 어떤 글감이 나갔는지 생각이 나지 않지만 그날 에이프릴의 글을 읽으며 나는 조금 마음이 아팠습니다. 글의 내용은 대략 이러했습니다.

에이프릴은 젠더나 채식주의, 페미니즘 같은 이야기를 로드스꼴라에서 처음 듣습니다. 책 읽기 시간에 다양한 책들을 읽는데 그중에는 젠더 관련한 책들도 있었던 게지요. 별 거부감 없이 읽고 토론하고 했는데 어느 순간부터 거슬리기 시작하더라는 거지요. 그러니까 아무 생각 없이 보던 영화나 드라마 광고 혹은 게임 같은 것들에 불편한 지점들이 보이더라는 겁니다. 어, 저건 차별인데 어, 저건 폭력인데 같은 생각들이 들더라는 거지요. 조금 더 나아가서는 중학교 동창들을 만나서 노는데 예전엔 아무렇지 않게 나누던 말들도 걸리더랍니다. 습관처럼 쓰던 욕도 무심코 던지는 농담도 어쩐지 불편해 '야 그건 좀 아닌 거 같다'라고 얘기했더니 동창들이 그러더랍니다. 이 새끼가 못 먹을 걸 먹었나 웬 주접이야 너 페미냐, 뭐 그런 식의.

물론 남자 청소년들 사이에 흔히 있을 수 있는 일이죠. 에이프릴은 논리정연하게 반박하지 않습니다. 혹은 못 합니다. 에이프릴 역시 아직 공부가 충분치 않았고 질풍노도 시기 남자 청소년들의 모임에서 논리적 대응이란 자칫 주먹을 부를 수도 있으니까요. 그럼에도 에이프릴은 어쩐지 이전처럼 편하게 그들과 대화할 수는 없더랍니다. 그렇다고 로드스꼴라에서는 마냥 마음이 편하냐, 그것도 아니랍니다. 동기 여자 떠별*들은 자신이 생각하는 것보다 예민하게 일상에서 젠더 감수성을 요구하고 관철하려 한다는 거죠. 그러니까 결국 살기가 몹시 만만치 않다는 것이 에이프릴 글의 요지였습니다.

충분히 에이프릴의 글에 공감이 됐습니다. 아이고, 에이프릴 같은 남자들은 장차 어떻게 살아야 하나 걱정도

---

\* 로드스꼴라에서 학생을 이르는 말. '길 떠나는 별'의 준말.

됐지요. 고민하고 성찰하고 반성하는 태도와 품성이 여기서는 비웃음을, 저기서는 경멸을 당하는 처지에 이르게 된 게 우리 앞의 현실이라니요. 파 군, 파 군은 어떤지요? 혹시 에이프릴과 같은 경험을 하고 있는지요? 올해도 로드스꼴라에서는 젠더와 관련한 이야기를 많이 나누었지요. 〈국가대표〉〈톰보이〉〈김복동〉〈런던 프라이드〉〈뉴스룸〉 같은 영화도 보고 전쟁과여성인권박물관도 탐방하고 수요집회도 참석하고 제주 여행에서 여성 인물 탐구도 해보고. 《뷰티풀 젠더》라는 책도 읽었다고 들었습니다. 파 군, 그러고 보니 그런 수업들도 떠오르네요. 존경하는 여성 인물 발표하기, 지금껏 본 영화나 책에서 자신과 닮은 여성 캐릭터 발표하기. 한 번도 자신을 여성에게 투사해 보지 않은 남자 떠별들은 조금 당황해하다가 여자 떠별들보다 조금 더 많이 생각해야 했지요. 존경하는 인물 발표하기라거나 영화나 책에서 자신과 닮은 캐릭터 발표하기였다면 수월했을 과제에 '여성'을 붙이니 어쩐지 낯설고 새로웠지만 어색해하기도 했습니다. 예상외의 성과는 우리가 알고 있는 여성 인물들이 의외로 다양하고 풍부하지 못하다는 걸 인지하는 순간 논의가 진화했다는 겁니다.

  여성 인물이 이렇게 빈약한 건 인류의 역사 속에서 홀

륭한 여성이 없어서일까 아니면 드러나지 않아서였을까 그도 아니면 배제되었을까의 토론은 종종 기억의 주체와 기록의 권력으로 그 논의가 확장되기도 했습니다. 치마만다 응고지의《우리는 모두 페미니스트가 되어야 합니다》를 읽고 작가에게 영상편지 보내기 프로젝트, 남자 떠별들은 분홍색 드레스코드, 여자 떠별들은 파랑색 드레스코드에 맞춰 옷 입고 여행하기도 생각나는 수업입니다. 드레스코드 여행 때는 늘 같은 반응이 나오지요. 분홍색 옷 하나도 없어요. 남자 떠별들의 항변에 길별들도 해마다 같은 말을 했지요. 잘됐네요, 이번 기회에 하나 장만합시다. 어느 해인가 오초라는 남자 떠별이 분홍색 셔츠에 분홍색 바지에 분홍색 양말에 분홍색 우산을 들고 4월의 부여에 등장했습니다. 드레스코드를 충실히 따른 거지요. 와우, 우리는 모두 환호했습니다. 궁남지의 연둣빛과 어찌나 잘 어울리던지요. 그렇게 한번 마음껏 풀어놓고 나니 그해 떠별들은 컬러에 조금 더 자유로워졌던 거 같습니다. 다양한 색의 껍질을 몸에 두르는 데 주저함이 덜해졌다고나 할까요.

 파 군을 생각하면 떠오르는 장면이 있습니다. 제주 여행 가기 전에 '4.3 항쟁'과 관련된 강의를 하는데 파 군이 화장실을 가려고 문을 열고 나가다 뒷얘기가 궁금했는지 문고리를 잡은 채 제 얘기를 좀 더 듣다 후다닥 뛰어 갔던 때가 있었지요. 나는 조금 웃기면서도 좋았습니다. 그렇게 열심히 들어주어서. 지적 호기심이 많고 아는 것도 많은 파 군, 공부란 어쩌면 누군가의 다정한 동료로 이웃으로 살아가기 위해 나의 껍질을 깨는 수고, 가 아닐지 모르겠습니다.

파 군, 사실 세계는 그리 간단하지 않지요. 누구의 시선으로 바라보느냐에 따라 그 풍경은 아주 달라지지요. 그러니 인간과 사회의 복잡함을 정치하게 들여다보려 하지 않고 흑백론으로 재빨리 단정하는 것은 안이하고 위험한 태도이겠습니다. 당연하다고 굳게 믿고 있는 전제를 의심하고, 보다 근원적인 곳까지 내려가서 다시 생각해 보고 간단한 답을 얻을 수 없는 상태를 참아내며 끊임없이 묻는 과정이 공부라고 서경식 선생은 이야기합니다. 아, 오늘 나는 세 명의 남자를 파 군에게 소개하려 합니다. 세상을 살아가며 에이프릴과 같은 딜레마에 처했을 때 삶의 등대로 삼을 수 있는 분들이지요. 학교를 떠나는 떠별들에게 세 개의 주머니를 선물하는 제 의례 중의 하나라 할 수 있겠네요.

우리는 종종 '모르는 게 약이다'라고 자기기만을 하며 산다. 그러나 나는 결코 모르는 게 약이 될 수 없다고 생각한다. 그래서 나는 늘 '알면 사랑한다!'라는 말을 이마에 써붙이고 다닌다. 서로에 대해 많이 알면 알수록 더욱 사랑하게 된다고 확신한다.

— 최재천,《통섭의 식탁》, 움직이는서재

최재천 교수의 《통섭의 식탁》에 나오는 말입니다. 파 군, 혹시라도 몸의 차이로 인한 차별이 옳다고 말하는 사람이 있다면 최재천 교수의 말을 인용하십시오. 동물의 경우는 대부분 암컷으로 시작했다가 나중에 수컷이 되고 식물의 경우에는 수컷으로 시작했다가 암컷이 된다는 것이 한평생 '생명이란 무엇일까'를 연구한 노학자의 설명입니다. 그러니 파 군, 차이를 이유로 인간을 서열화하고 특정 집단을 배제하거나 착취하려는 집단이 있다면, 흑인 여성 동성애자 등을 무능력한 몸을 가진 존재로 비하하며 인간의 영역 바깥으로 밀어내 버리려는 사람이 있다면, 하여 그 집단과 한판 맞짱을 뜨고 싶다면 부디 최재천 선생의 저작들을 따라가십시오. 자연의 본모습을 속속들이 알고 나면 차마 사랑하지 않을 수 없다고 말하는 그는 앎의 다음 순서는 공감과 공생이라고 아아, 일갈합니다. 그러니까 공부의 목적이 앎에 있지 않고 실천에 있다는 것이지요. 지구의 역사와 생명의 본질을 알고 나면, 자연을 더 많이 공부하고 더 많이 배우다 보면 알게 된다고 합니다. '손잡지 않고 살아남은 생명은 없다'. 부디 최재천이라는 세계를 천천히 오래 여행하길 부탁드립니다.

> 타자의 고통이나 과거의 고난에 대한 상상력을 지니기란 어려운 일이다. 나에게 그런 상상력이 있다고 간단히 얘기하는 건 불성실하며 심지어 위선일 수 있다. 하지만 우리는 애써 '상상력이 미치지 못한다'는 것이 얼마나 두려운 일인지 자각하지 않으면 안 된다. 그것을 방기하는 순간 시니시즘(냉소)이 개가를 올리고 참극은 반복된다.
> ─서경식, 《시대를 건너는 법》, 한겨레출판

서경식 선생의 《시대를 건너는 법》에 나오는 문장입니다. 20대 중반 《나의 서양 미술 순례》를 읽은 이후 나는 30년 가까이 그의 글을 따라가고 있습니다. 서경식 선생은 재일조선인입니다. 재일조선인으로서 평생을 일본에서 살아왔기에, 자신이 그 내부에 있으면서 동시에 '일본'이라는 대상을 끊임없이 사유할 수밖에 없는 존재였지요. 혹독한 경험과 치열한 고민과 회복 불가한 상처를 입으며 그가 얻은 것은 타자에 대한 구체적이고도 빛나는 통찰입니다. 존재에 대한 연민(모오든 감정의 복합체인)과 연대입니다. 로드스꼴라 공부의 중요한 한 축이었던 '디아스포라 기행'은 많은 부분 서경식 선생의 사유에 기대고 있습니다. 인간이란 무엇인가, 서경식 선생의 책을 읽으며 늘 생각합니다. 사유의 힘은 인간을 '인간답게' 하는 고유성이라는 걸 번번이, 번번이 깨닫습니다. 아프게.

지난달 생물학을 전공하는 대학원생들 세미나에 초청을 받아 강연을 했었다. 그때 학생 한 명이 손을 들고 물었다. "교수님은 페미니즘에 대해 어떻게 생각하시나요?"
"저는 데이터를 기반으로 세상을 해석하는 사람이기에, 한국이 성별 불평등이 심각한 나라이고 OECD 국가 중 여성이 가장 살기 힘든 나라인 것이 분명하다고 생각해요. 어떤 지표를 이용해도 결과가 달라지지 않아요.
다만 제 분야에서 캐나다나 유럽의 페미니즘 연구를 이해할 때 조심하려는 게 있는데, 당시 그 나라에서 남성들의 노동조건 등이 실제로 비교적 안전하고 안정된 위치였다는 거예요. 그런데, 한국은 남성들도 살기가 너무 힘든 나라예요. 대다수의 남성이 위험한 작업장에서 저

임금과 고용불안에 시달리며 일하니까요. 한국 남성은 스스로가 기득권이라는 단어를 받아들이기가 너무 힘들어요.

그런데 한국 여성들은 그런 한국 남성과 비교해서도 압도적으로 열악한 위치에 있는 거예요. 그건 데이터가 말하는 거예요.

저는 남성이니까 여기 계신 남성분들께 말씀드리고 싶은 게 있다면 여성을 적으로 하는 싸움을 하지 마세요. 절대 그런 식으로 해서는 파이가 커지지 않고 남성들의 노동조건이 좋아지지 않아요. 그런 역사가 없어요. 잘못된 전략이에요. 당장 눈에 보이지 않더라도 우리 삶을 망가뜨리고 있는 원인이 무엇인지 이해하고 그 구조를 겨냥하는 싸움을 하고 그 구조를 지속시키고 강화시켜서 궁극적으로 이득을 얻는 사람이 누구인지를 질문해야 해요."

김승섭 교수의 SNS에 올라온 글입니다. 김승섭 교수는 데이터를 통해 인구 집단의 건강을 말하는 '사회역학' 연구자입니다. 인간의 몸에는 자신이 살아가는 사회의 시간이 새겨진다, 직장과 학교와 가정에서 맺는 수많은 관계 속에서 겪는 차별 혐오 불안 재난과 같은 사회적

폭력, 사회적 상처 역시 몸에 스며들어 병을 유발한다, 는 것이 사회역학의 핵심입니다. 개인의 '몸'에 사회가 어떻게 투영되는지, 그 과정에서 어떤 지식은 생산되고 어떤 지식은 생산되지 않는가 질문하는 영역입니다. 파 군, '아픔이 길이 되려면' 우리 역시 그 질문을 함께 해야 하지 않을까요.

  파 군, 젠더감수성이란 어쩌면 세상을 바라보는 창을 하나 더 내는 거라고 할 수 있겠습니다. 창이 여러 개 있다면 좀 더 다양하고 다채로운 바깥 풍경을 볼 수 있겠지요. 파 군, 오늘 제가 굳이 남성 학자들을 소개한 건 대단한 여성 학자들이 없어서가 아니란 건 눈치채셨겠지요? 파 군이 세상을 살아가는 데 썩 어색하지 않은 롤모델이 생기기를 바라는 마음에서입니다. 자연스러운 것은 다양한 것이 공존하는 것이며, 다르면 다를수록 세상은 더욱 아름답고 특별하고 재미있다는 걸, 로드스꼴라 길별과 떠별들은 여행을 통해 알아갔습니다. 우연한 연결 속에서 파 군, 또 만나겠지요. 근사한 어른으로 진화하시길요.

## 멋진 남자와 손잡기

지난겨울과 봄, 유시민 작가는 신경안정제로 불렸다. 유시민신경안정제 복용하니 위안이 되네요, 잠 안 오는 새벽에 유시민신경안정제 맞고 잠듭니다, 저도 유시민 한 포 복용하고 싶습니다, 같은 글이 SNS에 빈번하게 올라왔다. 2024년 12월 3일 대통령이란 자가 친위 쿠데타를 일으켜 국회에 중무장한 군인을 투입하는 장면이 실시간 생중계되었고 충격과 공포, 당혹스러움 또한 실시간으로 공유됐다. 이후 계엄을 해제하고 탄핵이 이루어지는 긴 시간 동안 시민들은 몇 번씩 경기를 일으켜야 했다. 자다가도 서너 차례 깨서 뉴스를 체크하느라 제대로 된 잠을 자지 못한 이들이 퀭한 눈으로 아침을 맞이하는 날이 연속됐다.

　나 역시 혹시라도 내가 자는 동안 무슨 일이 벌어지지 않을까 노심초사, 전전반측했다. '집단적 내란성 불면 상태'는 우울과 분노, 모멸감과 무력감을 동반했다. 일상을 엉망으로 만들어 버린 자들에 대한 차오르는 적개심, 차곡차곡 쌓아올린 돌탑이 한 번에 무너질 수도 있다는 허망함, 마지막 결정은 결국 헌법재판소 따위 사법기관에서만 가능하다니 민주적이라 믿었던 구조와 시스템에 대한 새삼스러운 의심과 질문, 그럼에도 형형색색 빛나는 응원봉을 들고 광장에 모이는 사람들에 대한 뜨끈한 감동과 자긍심, 하루에도 열두 번 온갖가지 감정들이 뒤섞이고 롤러코스터를 타듯 기분이 요동쳤다. 이 무도한 시대를 넘어갈 현명한 언어가 필요했다.

　유시민 작가는 공중파와 유튜브를 넘나들며 다양한 매체에서 현 상황에 대한 해석과 논평을 열심히도 했다. 자신에게 주어진 일을 근면하게 이행하는 수행자 같기도 했다. 선명하지만 여유를 잃지 않고 매섭지만 위트를 포함한 말로 우리가 겪고 있는 이 풍파의 구도를 설명하고 실마리를 찾고 방향성을 제안했다. 그가 자신의 책에 인용한 맹자의 말이다.

삶도 내가 원하는 것이고 의(義)도 내가 원하는 것이지만 둘 모두를 가질 수 없다면 나는 삶을 버리고 의를 취할 것이다. 삶도 내가 원하는 것이지만 삶보다 더 절실히 원하는 것이 있기 때문에 구차하게 삶을 얻으려 하지 않으며, 죽음도 내가 싫어하는 것이지만 죽음보다 더 싫어하는 것이 있기 때문에 환란을 피할 수 있어도 피하지 않는 것이다. … 오직 현자만 이런 마음을 가진 것이 아니라 사람마다 가지고 있지만 현자는 이를 잃지 않았을 뿐이다.

―《맹자》「고자 상」 중

계엄의 밤 두려움을 무릅쓰고 국회 앞으로 달려간 수많은 사람들, 남태령고개에서 경찰과 대치했던 농민들과 젊은 여성들, 눈보라가 휘날리는 광장에서 응원봉을 흔들던 남녀노소의 마음을 나는 저 문장에서 찾는다. 기원전부터 있는 마음, 내 부모의 부모의 부모의 부모가 물려준 저토록 우아한 마음, 사피엔스라는 종만이 갖는 고유하고도 특별한 마음에 오늘의 내 마음을 포갤 수 있도록 그는 고금과 동서의 이야기를 엮고 겹치고 인용했다. 성급하게 굴지 않고 사리 판단을 너그럽게 하는 작가 유시민의 태도는 위안과 더불어 고비고비마다 이정

표가 되어주었다.

  사실 그는 매우 희귀한 아저씨다. 그의 태도와 언어는 가볍고 명랑하다. 지적이면서 진지한 아저씨는 많다. 무게감 있는 언어로 시대를 통찰하는 아저씨들도 많다. 통쾌한 말로 현실을 일갈하는 아저씨들도 꽤 있다. 유시민 작가가 새로운 건 가볍고 명랑해 보여서다. 한국에서 도저히 찾기 어려운, 산뜻한 애티튜드를 장착한, 새로운 아저씨다. 유시민 작가는 언제부터 가볍고 명랑했나. 한 시절 '저토록 옳은 얘기를 어쩌면 그렇게 싸가지 없이 할까'라는 말을 듣던 사람이었는데 말이다. 정의롭지만 혼자 잘난 척한다며 여기저기서 공격받고 비난받던 싸움꾼이었는데 말이다. 《문과 남자의 과학 공부》에 그 힌트가 있다.

> 과학 공부가 그런 맛이 있는 줄은 몰랐다. 먹는 것은 몸이 되고 읽는 것은 생각이 된다. 나는 여러 면에서 달라졌다. 내 자신을 귀하게 여긴다. 다른 사람에게 너그러워졌다. 언젠가는 죽는다는 사실이 덜 무섭다. 인간과 세상에 대해 부정적 감정을 품지 않으려고 애쓴다. 어떤 문제에 대해 내가 아는 것과 모르는 것을 따져 본다. 인문학의 질문을 다르게 이해한다. 오래 알았던 역사이론

에 대한 평가를 바꾸었고, 난해하기로 악명 높은 책을 쓴 철학자를 존경하게 되었다. 꽃과 풀과 나무와 별에 감정을 이입한다. 오로지 과학 공부 덕은 아니겠지만 과학 공부를 하지 않았다면 이만큼 달라지진 않았으리라 생각한다.

— 유시민, 《문과 남자의 과학 공부》, 돌베개

나는 《문과 남자의 과학 공부》를 순서대로 읽지 않고 읽고 싶은 대로 읽었다. 물리학 파트를 가장 먼저 읽고 화학, 생물학, 인문학과 과학, 수학 순으로 읽었다. 마지막으로 뇌과학 장을 읽는데 자꾸 푸슬푸슬 웃음이 나왔다. 마음이 고분고분해지고 말랑말랑해지고 무엇보다 경하여져서 흐흐흐 큭큭큭 웃었다. 길지만 인용한다. 나의 동지들에게 하고 싶은 말을 이토록 맞춤하게 써주다니, 땡큐하다.

나는 욕심 많고 인색하고 어리석고 보수적인 노인이 될 수도 있다. 지금의 내가 하는, 더 젊은 내가 했던, 모든 말과 행동을 부정하는 언행을 할지도 모른다. 만약 그런 일이 벌어진다면 뇌의 하드웨어 퇴화로 인해 벌어진 신경생리학적 사건으로 여겨 주기를, 나쁜 놈이라고 욕하지 말고 불쌍한 사람이라고 동정해 주기를 바란다. 내 자아가 오늘의 상태를 유지하는 한, 어떤 경우에도 자유 의지로 그런 변화를 선택하지 않을 테니까. … 뇌과학을 조금 알고 나니, 나를 포함해 어떤 인간도 무한 신뢰하거나 무한 불신하지 않게 되었다.

나만 그런 게 아니다. 호모 사피엔스라는 종도 마찬가지다. 사랑하기엔 흉하고 절멸하기에는 아깝다. 그 운명이 어찌 될지 나는 알지 못하고 책임질 수도 없다. 단지 나 자신의 삶 하나를 스스로 결정하려고 애쓸 따름이다. 악과 누추함을 되도록 멀리하고 선과 아름다움에 다가서려 노력하면서, 내게 남은 길지 않은 시간을 살아내자. 이것이 내가 뇌과학에서 얻은 인문학적 결론이다.

─ 유시민, 《문과 남자의 과학 공부》, 돌베개

푸슬푸슬 웃었던 날이 또 있다. 물리학자 김상욱 선생의 책을 읽고 잠든 날이었다. 아침에 깼는데 마음이 환해지며 웃음이 났다. 아 내가 이토록 잘 살고 있구나, 열역학 제2 법칙에 따라 아프고 병들고 늙고 있구나, 내 몸은 엔트로피의 법칙을 충실히 구현하고 있구나, 우주의 질서와 원리대로 참 잘 해산하면 되겠구나. 그 아침에 나는 마음껏 가볍고 새뜻했다. 홀가분하면서 그득했다.

명랑한 지식소매상 아저씨에게 언젠가 편지를 쓴 적이 있다. 여전히 유효해서 함께 붙인다.

---

유시민 노무현재단 이사장님께

살다 보니 이런 일도 있습니다, 로 시작해 봅니다. 안부를 여쭙기에도 서간문의 정석대로 날씨 이야기로 운을 떼기도 근황을 묻기도 모두 어색한지라, 에두르지 않고 마음 가는 대로 써보고자 합니다. 이렇게라도 하지 않으면 내년 5월에 또 조금쯤 화가 나고 조금쯤 억울하고 조금쯤 어이없을 것 같아 맘먹고 자리에 앉았습니다. 낯선 이에게, 그것도 유시민 이사장님께 편지를 쓰게 되리라고는 살면서 한 번도 생각해 보지 않은 일이지만, 삶이란 게 계획대로만 살아지는 게 아니라는 걸 누구보다 잘 아실 듯하여 조금은 가벼운 마음으로 출발해 보겠습니다.

노무현 대통령 서거 11주기 특별 대담 '노무현의 시대가 올까요?'라는 영상을 보았습니다. 강원국 작가가 사회를 보고 이광재 국회의원, 김경수 경남도지사, 전재수 국회의원 그리고 이사장님이 참여하셨지요. 강원국 작가의 입담은 유쾌하고 초대받은 이들 모두 노무현 대통령과는 각별했던 분들이어서인지 대화는 재미있고 뭉클했습니다. 노무현 대통령 이야기는 늘 그렇지요. 먹먹하고 시큰하고 새로운 결기를 다지게 되는.

저는 노무현 대통령을 실제로는 한 번도 뵌 적 없는 평범한 시민입니다. 노무현의 시대를 같이 살았던 게 인연의 전부인데도 참 생생하게 그날이 생각납니다. 고정희청소년문학상 예선이 이화여대에서 열리는 날이었고 준비를 하러 버스를 타고 가던 길에 그 소식을 들었지요. 라디오에서 흘러나오는, 그러니까 문재인 대통령의 목소리였던 거지요 지금 생각해 보면. 믿기지 않는 이야기였고 도착해서도 모두 수런수런 심란하던 기억이 납니다.

발인 날 아침, 저는 그때나 지금이나 여행학교 로드스꼴라의 교사로 일하고 있습니다. 학교에 도착해 '모닝살롱'이라는 걸 했습니다. 일반 학교로 치면 조례에 해당하는 것인데 시도 읽고 그날 할 일도 점검하고 수업 전에 나누고 싶은 이야기를 하는 시간이지요. 평소와 다름없이 모닝살롱을 마치려는데, 한 학생이 물어왔습니다. "우리는 안 나가요?" 물끄러미, 녀석을 쳐다보았습니다. 그리고 물었습니다. "왜 나가고 싶어?" 그 녀석도 대답

없이 바닥만 내려다보았지요. 우리는 오전 수업을 접고 돌아가신 대통령의 발인에 가고 싶은지, 왜 가고 싶은지 이야기를 나누었습니다. 열여섯에서 열아홉 살까지, 녀석들의 진지했던 얼굴이 지금도 눈에 선합니다.

대학을 나오지 않고도 대통령이 될 수 있는 세상, 아마 우리는 그런 이야기를 했던 거 같습니다. 학력 같은 거 가볍게 뛰어넘어 자신이 원하는 걸 할 수 있는 세상을 살아낸 사람, 대안 학교 학생과 교사였던 우리에게 노무현은 그래서 소중했습니다. 고졸 대통령, 그 상징과 함의는 다른 꿈을 꾸는 사람들에겐, 다른 세상을 설계하는 사람들에겐 몹시도 소중한 가치였습니다. 회의를 마치고 우리는 시청 앞으로 갔고 수많은 인파 속에서 각자의 방식으로 추모와 애도를 했습니다. 그때 그 청소년 '상주'들이 어느덧 이십 대 후반 삼십 대 초반이 되었습니다. 누군가는 대학을 가고 누군가는 스스로 자생적 학력을 만들며 고군분투 생을 살아내고 있는 그들도 해마다 5월 '대통령의 기일'이 되면 문득 그날의 시청 앞 광장을 떠올릴지도 모르겠습니다.

다시 '노무현의 시대가 올까요?' 대담 이야기로 넘어가 보겠습니다. 노무현을 기억하는 자리에 이사장님, 왜 꼭 남자들만 모여야 했는지요? 최측근들이 아는 노무현의 이야기를 공유하고자, 향후 노무현의 시대를 가장 열심히 준비하는 사람들이기 때문에, 노무현의 정신을 '직접' 계승하는 이들이기 때문에, 라고 말씀하진 않으시겠지요. 생각해 보면 '노무현대통령 서거 10주기 시민문화제' 때도 김어준, 양정철 그리고 이사장님이 토크 콘서트를 하셨지요. 한 '구라' 하는 이야기꾼들이라 역시 재밌었지요. 근데 이쯤 되면 막 하자는 거지요, 그 말이 떠오릅니다. 어쩐지 노무현(의 정신과 가치)을 기억하고 전승하는 사람들은 모두 남자들인 것처럼 보이는 이 구도, 수상하고 괴이쩍습니다. 노무현을 '그들'만의 리그에 가둔다는 아쉬움을 지울 수 없습니다.

 작가 유시민은 《역사의 역사》에서 헤로도토스를 서구 역사의 '창시자'라 부르자 제안합니다. 하던 대로 하자면 역사의 '아버지'로 불러야 하는데 작가 유시민은 모든 것의 기원을 '아버지'로 부르는 것에 문제를 제기하고 중립적인 언어 '창시자'라 하면 좋겠다, 주석을 답니다. 그 책과 관련한 어느 인터뷰에선, 새롭게 발견된 문서를 처녀의 빛, 숲 속의 잠자는 공주 따위로 불렀던 역사학자 랑케를 조금 딱해하기도 합니다. 역사란 기록하는 사람이 '선택'한 이야기를 재구성한 것이라는 E.H 카아의 견해에 동의하면서 지금까지의 역사가 남성 중심의 역사였음을 분명하게 인지하고 발언합니다. 알렉산드리아 대도서관장의 딸이라 주로 명명되는 그리스의 철학자 히타피아가 잔혹하게 살해당한 것이 재능과 지성을 가진 여자였기 때문이라 언급하며, 쓸 수 있는 역사도 안 썼다, 라는 날카로운 분석도 하셨지요. '작가 유시민'이 명민하고 섬세한 더듬이로 세상을 읽어내는 것에 비해 '노무현재단 이사장' 유시민은 어쩐지 너무 쉽게 '그'가 되어버리는 서운함과 씁쓸함, 어쩌면 이 글을 쓰게 된 이유일지도 모르겠습니다.

노무현 대통령 시절을 생각하면 강금실 장관이 먼저 떠오릅니다. 평검사들과 대통령의 대화라니, 그것도 생방송으로 진행하는, 지금 생각해도 대단한 파격이었습니다. 그토록 과감히 관례를 깨는 대통령에게 까마귀 떼 차림으로 오글오글 비겁한 소리를 지껄이는 남성 검사들 사이에서 핑크빛 옷을 입고 대통령의 옆자리를 지키던 법무부 장관. 그러고 보면 노무현 정부는 여성과 관련한 업적들을 많이 이루었습니다. 호주제가 폐지된 것도, 성매매 방지법이 제정된 것도, 성 인지 예산 제도가 도입된 것도 노무현 정부 때였습니다. 최초의 여성 총리(한명숙), 최초의 여성 법무부 장관(강금실), 최초의 여성 대법관(김영란), 최초의 여성 헌법 재판관(전효숙)의 탄생도 노무현 정부 시절의 일이었습니다.

유시민 노무현재단 이사장님, 만약에 노무현 대통령 본인이 자신을 기억하는 대담 자리에 네 사람 정도를 초대할 수 있었다면 누구에게 초대장을 보냈을까요? 그래도 공적인 자리이니 남녀 비율을 좀 맞춰야 되지 않겠습니까, 특유의 경상도 억양으로 그런 말을 하셨길, 부질없지만 바라봅니다. 최근에 유튜브를 검색하다 어느 책방에서 진행한 '유시민 작가와의 북토크'를 보았습니다. 참여자의 대부분이 여성 독자인 것이 인상적이었습니다. 노무현을 기억하는 자리에도 늘 여성이 절반이었습니다. 탄핵 저지 촛불 집회 때도, 시청 앞 장례 행렬에도, 봉하 마을에서 열리는 문화제 때도 참여자의 절반은 늘 여성들이었습니다. 노무현재단이 어떤 일들 하든 가장 먼저 생각해야 할 상식, 이 되었으면 참 좋겠습니다. 노무현재단 이사장이 유시민일 때 가능하지 않다면 앞으로도 그 일은 가능하지 않을 듯하여 이렇게 장문의 글을 쓰고 있습니다.

'사람 사는 세상'에는 여성과 아이들과 노인들, 장애인과 비장애인, 이성애자와 동성애자와 양성애자, 게이 트랜스젠더 레즈비언, 결혼이주여성 등등이 함께 모여 살고 있다는 이 평범한 사실은 왜 그토록 자주 망각되는 걸까요. 이 '자연스러운 생각'은 왜 유독 인간의 세계에서만 거부되거나 반발심을 불러일으키는 것일까요, 아주 오랜 세월 동안.

5년 전, 내각 구성을 남녀 동수로 한 캐나다의 트뤼도 총리에게 한 기자가 질문했다지요.
"내각의 남녀 성비를 1:1로 한 이유가 뭡니까?"
트뤼도 총리가 대답했답니다.
"Because, it's 2015(왜냐하면, 2015년이기 때문이죠)."

긴 편지 읽어주셔서 감사합니다. 이만 총총.

---

아마도 2020년에 썼던 글인가 보다. 5년이 흘러 무려 2025년에도 이재명 정부의 내각은 여전히 남성 중심이다. 지난겨울 광장을 가득 메웠던 여성들을 생각하면 쩨쩨하고 옹졸한 처사다. 과학 공부나 더 하련다. 영화 〈니모를 찾아서〉에 나온 물고기는 흰동가리다. 보통 흰동가리는 큰 암컷 한 마리와 작은 수컷 한 마리, 그리고 어린 흰동가리 몇 마리가 가족을 이룬다. 그러다가 암컷이 죽으면 수컷은 엄마로 변신하고 새끼 가운데 가장 큰 놈

이 아빠가 된다. 새끼들의 성은 결정되어 있지 않다. 영화에서 니모와 말린은 아버지와 아들로 나오지만 과학적으로는 옳지 않다. 니모와 말린은 부부가 될 운명인 것이다. 세상에나, 통쾌하지 않은가. 해마는 수컷이 새끼를 낳는다. 바다거북은 유전자가 아니라 알이 부화할 때의 온도에 따라 성별이 결정된다. 그들은 모래에 알을 낳는데 햇볕에 노출되는 위치에 따라 부화 온도가 달라지고 29.5도를 기준으로 이보다 낮으면 수컷, 높으면 암컷이 된다. 기온이 계속 상승하면 암컷의 비율이 급격히 높아지는데 최근 일부 지역에서는 암컷 비율이 90퍼센트를 넘는 사례도 보고되고 있단다.

  인간의 눈을 잠시 닫아본다. 자연은 유연하고 탄력적이다. 타락하고 불륜한다. 자유롭고 불온하다. 경로를 이탈한다. 그래서 오늘 내가 여기에 있다. 어버이의 계통에 없던 새로운 형질이 갑자기 출현한 덕에. 그 비정상적인 것들 덕분에.

  과학 공부를 하자. 가볍고 명랑해진다.

## 3장

# 멋진 여자와 일하기

❀

아니오
그렇게는
못하겠습니다

세월호 2주기가 지난 토요일, 나는 주말여행학교 학생들과 정읍을 여행하고 있었다. 숙소로 돌아와 저녁을 먹으려는데 하자센터의 두부에게 전화가 걸려왔다.

어딘, 알고 계세요? 로드스꼴라 학생이 연행됐다는데요.

철렁, 가슴이 내려앉았다. 네, 지금 바로 올라갈게요. 전화를 끊는데 로드스꼴라 길별 효신에게 전화가 왔다. 시끌시끌한 소음 사이를 뚫고 효신의 목소리가 간신히 건너왔다. 다급히 효신에게 물었다.

"어떻게 된 일이에요?"

"오늘 떠별들이 시위에 나왔나 봐요. 사실 저도 지금

광화문에 나와 있는데 주말이니 떠별들이 움직인 건 모르고 있었구요. 실시간 뉴스에 청소년이 잡혀갔다는 이야기가 떴는데 우리 구름이인 거예요. 떠별들하고 전화해서 지금 만나러 가는 중이에요. 가깝게 있는 거 같아요. 다시 전화드릴게요."

"기차표 알아보고 있어요. 바로 올라갈게요."

기차표를 알아보는 동안 다시 효신에게 전화가 왔다. 전화기 너머로 와글와글 목소리들이 번졌다.

"어딘, 떠별들 만났어요. 다른 떠별들은 다 괜찮구요, 마침 떠별들이 경찰차 번호판을 찍어놔서 어느 경찰서로 연행됐는지도 찾아냈어요. 저는 지금 바로 경찰서로 갈게요."

훌륭도 하지 이눔 시키들, 그 와중에 경찰차 번호판을 찍어두다니. 속으로 생각하며 효신에게 말했다.

"네, 구름이 부모님께도 연락드리세요. 너무 놀라지 않도록 차분히 차분히. 그리고 거기 누구 있어요?"

"결이랑 쏠이랑 6기들 다 있어요."

"알겠어요. 일단 제가 전화할게요. 효신은 바로 경찰서로 가시구요."

결에게 전화를 걸었다. 세상의 모든 소리를 뚫고 결과 연결이 되었다.

"결, 상황을 설명해 줄 수 있겠어?"

"저희가 청소년이다, 청소년이다 소리를 질렀는데도 마구잡이로 잡아갔어요. 개같은 경찰들이."

"오케이, 지금 현장에 누구누구 있어요?"

"다 있어요. 저희 다요."

"결, 내 말 잘 들어요. 오늘은 일단 집에 들어갑시다. 지금 다들 약간 흥분한 상태라 오늘은 집에…"

말이 채 끝나기도 전에 결이 대답했다.

"그럴 수 없습니다."

그러니까 그 말투는, 내가 한 번도 들어본 적이 없는 것이었다. 떠별들이 거부 의사를 밝힐 때 쓰는 말은 주로 싫어요 혹은 안 돼요, 같은 것들이었다. 그럴 수 없습니다, 라니. 이토록 분명하고 결연한 어투를 청소년에게 들어본 건 처음이었다.

"결, 효신과 구름의 부모님이 경찰서로 갔어요. 어떻게든 구름이를 나오게 할 거예요. 그런데 지금 여러분들만 거기 있는 게 안심이 안 돼요. 그러니, 내일 다시, 그때는 길별들하고 같이 나옵시다. 옆에 있는 떠별들에게 제 말 좀 전해주세요."

간곡하게 나는 결을 설득했다. 이번에는 쏠이 전화기를 건네받았다.

"그렇게는 못 하겠습니다, 어딘."

소음 사이로 쏠의 말이 분명하게 들렸다. 아니 이 말투는 또 뭐지?

"친구가 잡혀갔습니다. 잘못한 건 우리가 아니라 저들인데 이제 청소년까지 잡아갑니까. 저희는 오늘 못 들어갑니다."

나는 웃기면서도 눈물이 났다. 목이 뜨거워져서 말을 이어가기가 어려웠지만 다시 쏠을 설득했다.

"쏠, 길별들이 다 정읍에 내려와 있으니 지금 기차를 타도 10시가 넘어야 서울에 도착해요. 길별들 없는 상황에서 떠별들만 거기 있다고 생각하니 불안하고 애가 타요. 길별들 마음도 좀 이해해 주면 안 될까요?"

꿀꺽, 침을 삼키는데 목울대가 아팠다.

"길별들도 저희들 마음을 이해해 주셔야 합니다."

쏠의 목소리는 비장하고 용맹했다. 이런, 완전 멋지잖아. 그래도 설득해야 했다.

"이렇게 합시다. 오늘만 들어가고 내일부터 떠별들이 원한다면 수업 한두 개 못 하더라도 시위에 나갑시다. 그러니까 내 말은 오늘은, 오늘만 지금 정리하고 집에 들어가자는 거예요."

다시 결이 전화를 건네받았다.

"길별들 마음은 이해하지만 저희는 오늘 여기에 있기로 합의하고 결의했습니다."

야무지고 결연해서 바늘 하나 들어갈 자리가 없다.

"좋아요. 그럼 10시까지, 딱 10시까지만 있다 해산합시다. 그리고 길별들과 통화합시다."

"떠별들과 의논해서 연락드리겠습니다."

그래야지, 맞아 네 동지들과 의논하고 결정하고 행동하는 거야, 가차 없이 냉정하게 침착하게 뜨겁게. 속으로 속으로 나는 맞장구를 쳤다.

구름이는 바로 풀려나 부모님과 함께 집으로 갔다는 소식이 날아왔다. 길별 효신은 다시 떠별들이 있는 종로로 갔고 떠별들과 함께 있다가 10시쯤 집회와 시위가 끝이 날 즈음 떠별들을 다 집으로 보내고 귀가했다.

돌이켜 보니 최근 아시아에서 일어났던 시위의 한가운데 서있는 이들 역시 젊은이들이다. 우산혁명을 이끌었던 홍콩의 시위대도 왕정 폐지를 주장했던 타이의 시위대도.

상하이에 있는 임시정부청사에서 오래, 들여다본 사진이 있다. 깔끔한 슈트에 반들반들한 구두, 포마드를 발라 멋지게 넘긴 머리. 깎아놓은 밤톨 같은, 이란 표현은 이럴 때 쓰는 거구나. 20대 초중반의 독립운동가들, 내일이든 모레든 언제든 기꺼이 죽을 각오가 되어 있는 이들이 함께 찍은, 눈부시게 낡은 단체사진. 세탁소나 전당포에서 빌렸을 연미복을 폼 나게 차려입고 내일이 없는 청년들이 명랑한 표정으로 서 있다, 100년 전에도.

이 씩씩하고

날래고 사나운

청년 동지들


- 국회로 달려가야겠네요.

고운의 메시지는 간결하고 단정했다.

- 여러분 국회로!!! 대통령이 계엄 선포했습니다.

2024년 12월 3일 10시 56분, 내가 보낸 문자에 대한 답이었다. 겉으로 보기엔 여릿여릿한데 어떤 상황에서 고운은 기민하고 담대하다.

- 저희는 이제 곧 출발해요.

12월 4일 정오를 막 넘긴 12시 10분이었다. 나도 답했다.

- 누가 가는지 알려주고 이후 연락은 텔레그램으로 합시다. 소통할 수 있는 채널을 여러 개 열어둡시다. 현

장에 누가 있는지 알아야 하니까 같이 가는 사람 꼭 알려주세요.

마지막 문장을 쓰는데 마음이 울렁울렁했다. 저 자리는, 지금 그들이 달려가는 저 자리는 오늘 밤의 최전선이다. 어떤 일이 일어날지 모르는.

– 제제 아산떼 조개 비웅 의미 곁, 그리고 저, 이렇게 갑니다.

한 시간 남짓 동안 일곱 명이 연락을 주고받으며 국회로 가기로 결정한 것이리라. 곁에게도 연락이 왔다.

– 자다가 전화 받고 일어나서 알았어요. 국회를 열어야 한다고 해서 지금 애들이랑 가보려고요.

잠에서 깨 찬바람을 맞으며 부랴부랴 국회로 가는 곁은, 그녀의 벗들은 계엄을 경험해 보지 않은 이들이다. 그들을 기다리는 게 실탄을 장전한 총구라는 걸 책으로 영화로 아는 이들이다. 외투를 입고 모자를 쓰고 맨몸으로 달려가 이들이 마주쳐야 하는 게 또래의 중무장한 계엄군이라는 사실에 간담이 서늘하다. 분노와 역정과 불안이 치솟는 중에 고운이 낭랑하게 읊던 시가 떠올랐다. 백남기 농민의 장례식장을 지키며 외웠다던 신동엽의 《금강》제6장 중 일부다.

우리들에게도
생활의 시대는 있었다.

백제의 달밤이 지나갔다,
고구려의 치맛자락이 지나갔다,

왕은,
백성들의 가슴에 단
꽃.

군대는,
백성이 고용한
문지기.

앞마을 뒷마을은
한식구,
두레로 노동을 교환하고
쌀과 떡, 무명과 꽃밭을
아침 저녁 나누었다.
…
서로, 자리를 지켜 피어나는

꽃밭처럼,

햇빛과 바람 양껏 마시고

고실고실한 쌀밥처럼

마을들은 자라났다.

 2015년 11월 14일 박근혜 정부의 '쌀 수매가 인상 공약' 이행을 촉구하는 집회에 참석했다가 경찰이 쏜 물대포에 맞아 백남기 농민이 사망했다. 이 과정에서 경찰은 부검 영장을 강제로 집행하기 위해 서울대병원에 병력을 대거 투입했다. 고운과 결, 그의 벗들은 백남기 농민의 시신을 지키기 위해 서울대병원 장례식장으로 가 몇 날 며칠 현장을 지켰다. 그때 밤마다 외운 시가 《금강》 제6장이라고 했다. 《금강》은 동학농민혁명에 대한 이야기를 쓴 대서사시다. 우리는, 그러니까 로드스꼴라는 그 해 동학을 주제로 공부하고 여행했다. 덕분에 《금강》을 읽고 동학농민혁명에 대한 뮤지컬도 보고 신동엽문학관도 방문했다. 21세기 청년들이 19세기와 연결될 수 있는 건 20세기를 살았던 시인 덕분이다.

 고운은 1996년생, 결은 1995년생이다. 12월 3일 밤 함께 국회로 달려간 그들의 친구들 또한 그 언저리에 태어나 이제 이십 대 중후반이 되는 이들이다. 앳되어 보이는 얼굴이지만 이들에게는 이들의 이력이 있다. 세월호 집회, 백남기 농민의 죽음을 기리는 집회, 박근혜 탄핵 촛불 집회, 기후 위기 대행진…. 십 대 후반과 이십 대의 어떤 시간을 그들은 거리에서 보냈다. 자신들이 살고 싶은 세상을 꿈꾸고 공동체의 안녕에 대해 고민하고 부정의한 것들에 저항하며 자신들의 역사를 촘촘히 써가고 있다. 1967년에 태어난 내가 광주 학살의 진실 규명을 요구하고 독재 타도를 외치고 불의와 타협하지 않기 위해 고군분투했던 것처럼 그들은 용맹하게 담대하게 자신들의 시간을 살아내고 있다. 두려움 없이 망설임 없이. 그 시간이 쌓여 고유하고 독특한 그들 세대의 지층을 만들어 낼 것이다.

  이 젊은 세대에게 깊은 존경과 경의를 표한다. 그날 밤 나는 집에서, 그러니까 후방에서 핸드폰과 텔레비전을 동시에 켜놓고 상황을 지켜만 보았고 그들은 최전선으로 갔다. 또 하나의 이력이 그들 세대에게 만들어지고 있다. 윤석열이 탄핵된 것은 12월 3일 밤 국회로 달려간, 이 씩씩하고 날래고 사나운 청년 동지들 덕분이다.

    늙으면 마을사람들에 싸여
    웃으며 눈감고

양지바른 뒷동산에 누워선, 후손들에게
이야기를 남겼다.

반도는
평화한 두레와 평등한 분배의
무정부 마을
능력에 따라 일하고
필요에 따라 분배,
그 위에 청춘들의
축제가 자라났다.

―신동엽, 《금강》 제6장 중, 창비

   그들의 꿈은 내 것보다 새롭고 그들의 연대는 종의 경계를 뛰어넘어 확장되며 그들의 사랑은 유연하고 뜨겁고 종종 여전히 오랫동안 무모하다. 그 위에 청춘들의 축제가 자라난다.

❁

뒤늦은
연서

　고운의 졸업 작품 전시를 보러 갔다. 고운은 로드스꼴라에서 함께 일했던 동료다. 철원 원주 진주 밀양 핀란드 몽골 폴란드 러시아 등등등 등등등 온갖 곳에 학생들을 이끌고 다니며 동학, 분단, 평화, 환경을 주제로 공부하고 여행했다. 뿐이랴, 학교 행사와 관련한 각종 포스터를 만들고 학생들의 수료 문집을 제작하고 영상을 만들고 밥을 하고 노래를 가르쳤다. 그야말로 만능 일꾼이었다. 3년, 몸과 맘을 다해 열심히 일하더니 로드스꼴라를 그만두고 대학에 진학해 본격적으로 디자인 공부에 돌입했다. 과 수석을 한다는 소식이 들려오기도 했다.

고운의 졸업 전시는 짱 좋았다. 지금까지 살아오며 자신의 삶으로 불러왔던 오십 명의 여자들을 이미지와 글로 연결한 프로젝트였다. 강주룡, 토베 얀손, 김혜순, 마스다 미리, 박차정, 씨앗할머니, 장윤실, 이슬아, 안지완, 무민…. 고금과 동서, 이미 죽은 사람과 총총 살아있는 사람, 시인과 독립운동가, 요가 선생님과 노동운동가, 친구와 스승, 아기와 할머니, 인간과 인간 아닌 것…. 세상에나, 이토록 다양한 여자들이 그녀의 몸속에 공존한다. 영원과 순간이 겹치고, 견고함과 유연함이 동시적이고, 이곳과 저곳이 한자리다. 한 명이면서 여러 명이고, 여러 명이면서 한 명인, 무궁한 나는 무엇이 될 수 있을까. 고운이 묻고 있었다.

고운과 함께 일하던 시기는 내가 불면증에 시달리고 체력 저하로 허덕허덕 아픈 때였다. 고난의 시기를 함께 버텨준 고마움을 그녀가 퇴사하고 나서야 전할 수 있었다. 변변치 못한 동료였음을 고백하며.

---

고운에게

8월인데도 몽골 북서쪽 흡수골의 밤은 쌀쌀했다. 기

분 좋은 초가을 기운이 감돌아 낮 동안은 쾌적하게 지냈지만 밤이 되면 게르 안에 난로를 피워야 했다. 저녁을 먹고 돌아오면 난로 안에 장작이 타고 있어 훈훈한 기운이 감돌았다. 하루 일정은 늦게 마무리되었다. 춤추고 노래하고 공부하고 별도 보고 하다 보면 9시가 훌쩍 넘는 경우가 많았다. 공식적인 일정만 마치면 나는 일찍 잠자리에 들었다. 잘 자는 것이 몽골 여행 중 내 개인적인 목표였다. 불면증에 시달리는 중이었던 터라. 주변 정리를 하고 침낭을 펼치고 잘 준비를 하면 고운이 말했다. 어딘, 여기 물주머니요. 뜨거운 물을 담은 물주머니를 고운은 하루도 빠지지 않고 챙겨주었다. 응, 고마워. 물주머니를 품고 침낭 안으로 들어가면 온몸이 나른해졌다. 마음도 녹작지근해졌다. 나는 서른 번쯤 속으로 말했다. 고운아 고마워 고운아 고마워 고운아 고마와 고운아 고마워….

　너는 그런 사람이었다. 아무렇지 않게 가장 고마운 일을 하는 사람. 아냐 물주머니 챙기는 일은 내가 할게, 라고 말하지 않은 건 네가 건네는 물주머니를 껴안으면 생기는 용기, 때문이었다고. 고운, 뒤늦은 고백을 한다. 눈시울이 뜨끈해지는 위로와 위안과 응원이 네가 주는 물주머니 안에서 출렁였다. 하루는 너와 리따와 제제가 신이 나서 돌아와 말했지. 떠별들과 숲속 탐험을 다녀온 날이었을 거야. 어딘, 마사지 집을 발견했어요. 뭔가 제대로 할 거 같은 집이었어요. 얼른 다녀오세요. 그때 내 마음이란, 고운, 미안하고 망극하고 감사하고 복잡하기가 이를 데 없어 어쩌면 어색한 표정을 짓고 말았을 거야. 내가 이런 사람들과 일을 하고 있구나, 이 은혜를 어떻게 갚아야 하나. 고운, 이 은혜를 어떻게 갚아야 할까?

  함께 일하는 즐거움을 알게 해주는 사람이었다, 너는. 아이디어를 실현 가능하게 하는 데 가장 중요한 역할을 하는 이도 너였다. 될성부른 아이디어를 알아볼 줄 알았고 완성의 기준도 높아 어떤 것도 시시하게 만들지 않았다. 믿지 않겠지만 회의에 활기를 불어넣는 이도 너였다. 네가 기운이 넘치는 날은 어쩐지 으쌰으쌰 새로운 프로젝트가 기획되고 멋진 설계도 이루어졌다. 영리하고 기민하고 예민한, 네가 없는 회의에서 나는 종종 그리웠다. 씨앗을 꽃으로 피워내던 너의 실행력, 흥흥흥 코로 웃던 웃음소리.

  학교 설명회를 하던 날이 생각난다. 나는 내려가고 너는 올라오던 중이었지. 마음껏 신이 난 표정으로 계단을 두 칸씩 뛰어올라오며 어딘, 많이들 왔어요, 숨도 쉬지 않고 말하는 너를 보며 네 것이구나, 이 모든 것. 여행학교, 이 세상, 온 우주, 온전히 너의 것이구나. 이토록 진심을 다하는 사람의 것이 아니라면 누구의 것이란 말이냐 이 세계는. 그날 너는 지구의 자전축이었다. 너를 중심으로 세상이 돌고 있었다.

고운, 내가 가장 힘들었던 시기에 내 옆에 있었던 사람이었다, 너는. 내가 내 몫을 다하지 못하는 시기에 내 몫까지 해낸 사람이었다, 너는. 경주 여행을 어찌 잊으리, 다음 날 여행 준비를 위해 새벽 3시까지 회의를 하고 조용조용 문을 열고 들어와 눕던. 어찌 잊으리, 폴란드에서 독일로 넘어오던 날 너의 전화 목소리. 가슴 졸이며 아픈 떠별을 돌보며 국경을 넘어오던. 그 덕분에 황룡사지 빈터를 마음껏 뛰던 떠별들, 모스크바에서 버스킹을 하던 떠별들, 드넓은 발해 성터를 달리고 달리던 떠별들, 사막을 건너 호수를 지나 하바롭스크에서 베를린에서 춤추고 노래하던 떠별들…. 고운, 고난의 시기를 가장 빛나는 기억으로 만들어 준 너에게 나는 어떤 감사를 해야 할지.

내가 할 수 있는 일이란 겨우 이런 것인데, 고운, 혹여 살아가다 상심이 되거나 너를 의심하게 되는 날엔 꼭 나를 찾아오길. 네가 얼마나 담대하고 이쁘고 명민한 사람인지를 증언해 줄게. 그 이야기라면 아마 하루 하고도 반나절 정도는 할 수 있을 거야. 열여섯 살에 안나푸르나 4130미터를 오른 이야기부터 해야겠지. 베트남 전쟁을 주제로 한 뮤지컬도 빼놓을 수 없겠지. 아무리 힘들어도 하고 나면 힘이 난다는 레츠피스 이야기도 들어가야겠지. 백남기 농민의 장례식장에서 신동엽의 《금강》 6장을 외운 이야기도 해야겠지. *이 들판은 날라와 더불어 불이 되자 하네 불이.*\* 동학 이야기도 안 하면 섭섭하겠지. 그 이야기의 한가운데 고운, 네가 있다. 매순간 마음을 다했던.

    시집가고 싶을 때
    들국화 꽂고 꽃가마,
    장가가고 싶을 때
    정히 쓴 이슬마당에서
    맨발로 아가씨를 맞았다.

    아들을 낳으면

---

\* 동학농민혁명을 기리는 민중가요 〈죽창가〉의 한 구절.

온 마을의 경사

    딸을 낳으면

    이웃마을까지의 기쁨

    　　　　　　　　　－신동엽,《금강》제8장 중, 창비


너와 떠별들이 낭랑한 목소리로 이 시를 외울 때면
와사사사 바람이 운율을 맞추고
햇빛은 가장 다사롭게 어깨 위로 내려앉고
강물은 유장하게 흘렀다.
너도 함께 흘렀다. 먼 머언 곳을 향해.

## 유랑 식당

훌라댄스 모임 훌라당의 당수 하야티,《호랑이 그리는 연습》을 독립 출간한 조개,《스멜 오브 블러드》를 독립 출간한 의미는 종종 우리 집을 방문한다. 이 멋진 트리오는 로드스꼴라의 자장 안에서 만나 함께 여행하고 글 쓰고 춤추고 무엇보다 아주 신나게 놀아재낀다. 독보적인 개성과 날것의 야생성, 형형한 눈빛을 빛내며 메가시티 서울을 어슬렁거리는 21세기의 야수들.

- 어딘 집에 놀러 가고 싶어요. 언제가 괜찮으세요?

하야티에게 문자가 왔다.

- 딱 이번 주 일요일이 비었네.
- 아, 그럼 수업 마치고 2시쯤 갈게요.
- 2시라면 점심밥은 먹고 오는 거야?
- 네, 그럴 거 같아요.

당연히, 10분 뒤에 문자가 왔다.

- 조개도 된대요. 같이 갈게요.

역시 당연히, 서너 시간 후에 다시 문자가 왔다.

- 의미도 가고 싶대요. 가도 돼요?
- 그럼 그러타 말다.

하야티의 세뚜Set들이다. 조개와 하야티는 하와이를 함께 여행했고 의미와 하야티는 핀란드와 몽골을 함께 여행했고 조개와 하야티와 의미는 모로코를 함께 여행했다. 시베리아 횡단 열차를 타고 모스크바를 거쳐 유럽으로 향했던 이들의 여행 이야기는 동화와 서스펜스와 블랙 코미디가 버무려진 한 편의 영화 같아서 들을 때마다 웃다가 울다가 진정 마음을 졸인다. 모험과 위험과 만용과 용기가 뒤섞인 이들의 이야기를 나는 글방에서 글로 읽었다. 분명한 캐릭터와 생생한 묘사, 아슬아슬하지만 경쾌한 상황 전개는 거의 시트콤을 방불케 해서 터지는 웃음을 눌러 참아야 했다.

"어딘, 안녕하세요."

시간을 지켜 도착한 건 조개다. 배시시 웃으며, 몇 년째 봐도 여전히 약간 어색해하며 들어선다. 가방에서 딸기를 꺼내 주방으로 간다.

"딸기 사왔구나, 나도 사 두었는데."

"네에…."

다시 배시시 웃으며 딸기를 씻는다. 나는 옷장에서 조개에게 주고 싶었던 원피스 두 벌을 꺼냈다. 한 벌은 친구가 선물로 준 건데 나보단 조개에게 어울릴 거 같아 모셔뒀던 거고 한 벌은 캐나다 여행 갔을 때 샀던 빨간 가로줄 무늬 원피스인데 옷이 몸보다 명랑해서 한두 번 입고 옷장에 고이 걸어두었다. 조개가 옷을 입어보는 동안 하야티가 도착했다. 시그니처 뚱뚱이백을 메고 냉장고 문 앞으로 가면서 하야티가 묻는다.

"어, 조개야 뭐해?"

"어딘이 주신 원피스 입어보고 있어."

"어, 나도 너 줄 옷 가져왔는데. 기다려 봐."

하야티가 주섬주섬 뭘 꺼내 냉장고에 넣더니 옷을 끄

집어낸다.

"야, 딱 조개 옷인데. 원래 입고 다니던 거 같아."

"그죠? 이건 딱 조개 옷이다 싶은 게 있어요."

"오늘 조개 득템 하는 운세인가 보다. 근데 너 냉장고에 뭘 넣은 거야?"

"생크림이요. 딸기생크림케이크 만들려구요."

"생크림케이크를 만든다고? 이제 후식까지 만드는 거야?"

"간단해요, 어딘. 지난번에 결네 집들이 가서도 만들어 먹었어요."

아, 그러니까 딸기생크림케이크를 만들기 위해 역할을 나누어 조개는 딸기를 사오고 하야티는 생크림을 사온 것이다. 의미가 도착하고 내가 차를 내리는 동안 그릇을 달라, 뭘 달라 하더니 짜잔, 딸기생크림케이크가 완성되었다. 뭐야, 너무 맛있잖아. 신선하고 부드럽고 달콤하고 새콤한 맛이 어우러진 케이크를 먹으며 우리는 호호 깔깔 근황을 나누었다. 통창으로 들어오는 다사로운 빛을 받으며 갖는 애프터눈 티타임이었다.

그날의 하이라이트는 의미가 아버지랑 싸우고 집을 나오는 장면의 재현이었다. 당신, 당신이 얼마나 한심한지 알아, 내가 이렇게 된 게 다 당신 때문이라구. 아, 30

년도 더 전에 나 역시 그랬다. 스무 살의 나는 막무가내로 아버지에게 덤볐다. 어, 공무원들이 권력의 시녀 노릇이나 하고 탁 치면 억 죽었다니 저게 말이나 되냐구. 지방 말단 공무원 아버지가 달그락 수저를 내려놓는 순간 나는 잽싸게 일어나 외투를 집어 들고 대문을 나섰다. 그러니까 나는 치고 달아났던 것이다. 의미는 전면전이었다. 세상에서 가장 싸가지 없는 딸, 느닷없는 선연하고 명징한 분노 앞에 얼척 없었을 아버지, 품을 벗어난, 걷잡을 수 없이 멋있어진, 내 딸이 아니었다면 감탄할 경이로운, 내가 만들었으나 나를 배신한 오, 그녀.

수다와 웃음이 번지는 동안 저녁 시간이 되었다. 일명 냉장고를 부탁해, 시간이 돌아왔다. 하야티가 냉장고 문을 열었다.

"재료가 뭐가 있는지 한번 볼까요?"

"그 뭐지? 물에 빠트려 먹는 거 어때?"

"훠궈요?"

"어, 그것과 비슷한 말."

"샤브샤브요?"

"맞아, 그거 해 먹을까? 배추랑 이런저런 버섯이랑 청경채도 있는데."

"그럴까요?"

썩 동의는 안 되는 얼굴로 냉장고와 냉동고를 차례로 살피던 하야티가 물었다.
 "근데 고기가 왜 이렇게 많아요? 어딘, 고기 잘 안 드시잖아요."
 "미국에서 온 친구의 흔적이야. 흔적을 없애 줄 수 있지?"
 "아하, 걱정 마십시오."
 하야티가 결정을 내렸다. 위가 아픈 의미를 위해 양배추를, 기력이 없는 어딘을 위해 오리고기를, 그리하여 양배추오리고기볶음이 메인 메뉴로 채택되었다. 김치새우전도 곁들이기로 했다. 하야티가 메인 요리를 조개가 전 요리를 하는 동안 의미는 씻고 다듬고 개수대를 정리하는 일을 했다. 친구가 보내 준 팔뚝만 한 문어 다리를 썰고 엊저녁에 끓여 둔 미역국을 데우고 매실장아찌에 시금치무침, 백김치, 김자반과 다시마부각을 곁들이니 근사한 저녁상이 차려졌다. 며칠 입맛이 없어 깨작거렸는데 넷이 먹으니 허겁지겁 꿀맛이었다.
 "야, 너희 유랑식당 같아. 이렇게 팀 짜서 입맛 없는 사람들 집에 찾아가 요리해 주고 함께 먹어주면 죽어가는 사람도 살리겠다. '입맛을 찾아드립니다' 프로젝트 어때?"

"크크크, 입맛 없는 사람도 세상에 있나요?"

"근데 안담이 진짜 그런 프로젝트 한다. 채식을 하고 싶은데 요리를 잘 못 하는 친구들, 그래서 고추장에 밥 비벼먹고 그러는 이들을 위해 한 달에 한 번 그 사람의 집을 찾아가서 함께 비건 요리를 하고 같이 먹는 프로젝트래. 진짜 사람을 살리는 프로젝트 아니냐."

"안담은 일주일에 한 번 식당도 열었잖아요. 요리 엄청 잘할 거 같은데."

"그렇지 밥 잘하는 레이디지. 나도 글방 할 때 안담이 싸온 도시락 먹은 적 있어. 글 마감하는 중에 도시락까지 싸왔으니 대단하지. 그러고 보니 복태도 옛날에 '도시락 두 개' 프로젝트를 했었네. 자기 도시락 싸는 김에 하나 더 싸서 그날 주고 싶은 사람한테 주는 거야. 이쁜 손수건에 싸와서 건네주는데 받으면 엄청 기분이 좋아. 그 도시락 젤 많이 먹은 사람이 아마 지금 같이 사는 사람일걸."

"밥 잘하는 레이디는 연애도 잘하는 건가요?"

"음, 관계를 부드럽게 확장하는 건 분명한 거 같아."

밥 잘하는 레이디들은 설거지도 잘한다. 누가 말 안 해도 한 사람은 씻고 한 사람은 물기를 닦고 한 사람은 정리해서 원래 있던 수납장에 차곡차곡 넣는다. 그러는 동안 나는 냉장고 다이어트를 한다. 하야티네 집에는 돌도 씹어먹을 만한 장정이 둘이나 있다. 고기와 치즈와 밀가루로 된 원재료들은 이제 하야티의 집에서 맛있는 요리가 될 것이다. 밥도 짓고 복도 짓는 하야티.

"하야티야, 이번 주에 복 좀 지을래?"
"이번엔 무슨 복을 지을까요?"
"우리 집에서 교사 회의를 하기로 했는데 와서 밥도 짓고 복도 좀 지으면 어떨까?"
"좋아요."

로드스꼴라 시절, 연말이면 나는 교사들을 집으로 초대해 같이 밥을 먹었다. 하야티는 나의 SOS에 삐융삐융 사이렌을 울리며 도착했다. 교사들이 세상 중한 일을 다 하는 표정으로 회의를 하는 동안 하야티는 육수를 내고 카레를 끓이고 샐러드를 하고 배추전을 부친다. 깍둑깍둑 보글보글 지글지글 조물조물 우주가 끓는다. 우주가 맛있어진다.

## 고귀한 것들은
## 사라지지 않고
## 전승된다

산소에게

 브뤼셀의 봄은 어떻게 오는지? 서울의 봄은 산수유와 매화로부터 시작되는 거 같아. 이어서 벚꽃이 피고 목련이 피고 개나리 진달래가 피고 복사꽃이 피고 라일락이 피고. 이 꽃들이 다 하자센터 가는 길에 피어났던 봄날의 꽃들인데 기억나는지? 1월에 받은 편지에 5월에야 답장하는 미안함을 꽃 얘기로 묻어본다. 그나저나 브뤼셀의 봄은 정말 어떻게 오는지?
 그해, 여행학교 로드스꼴라가 문을 열자 너는 1기생

으로 입학했지. 돌이켜 보면 참 용감하고 무모한(^^) 청소년과 부모님들이었던 거 같아. 이제 막 문을 연 신생 학교에 덜컥 지원을 한 것만으로도 충분히. 면접 때의 너를 기억한단다. 점심 먹고 이를 닦았나 안 닦았나도 아슴아슴한 요즘인데 15년 전의 일이 도렷이 생각나니 그 또한 우습지? 너는 막 열여덟 살이 된 청소년이었고 고등학교 1학년을 마치고 '다른' 삶을 기웃거리던 참이었고 '여행학교'라는 말에 이끌려 그날 그곳에 왔지. 방송 댄스를 배우고 있다길래 한번 춰볼 수 있냐 했더니 벌떡 일어서 씩씩하게 춤을 춰보였지. 면접장을 웃음바다로 만들던 용맹한 소녀였는데, 네 기억은 어떤지?

 로드스꼴라 떠별이 되어 도보 여행도 하고 진안에서 한 달간 마을살이도 하고 한일 고대사도 공부하고 안나푸르나도 오르고 공정 무역도 공부하고 글도 쓰고 노래도 만들고 공연도 하고, 갈등하고 이해하고 쟁투하고 저항하고 화해하며 보낸 시간들이었지. 그렇게 2년을 보내고 졸업을 한 뒤에는 택견을 배운다는 소식도 들려오고 게스트하우스에서 일한다는 얘기도 들려오고 벨기에 사람이랑 결혼을 했다는 소식도 들려오고 급기야 벨기에 의대를 다닌다는 소식도 들려왔지.

 의대라니. 와우, 깜짝 놀랐지. 한국에서도 만만치 않

은 게 의대 공부잖아. 입학하는 것도 어렵지만 그 공부량과 수련 과정은 방대하고 엄격하기 이를 데 없더구나. 사람의 목숨을 다루는 분야여서 그렇겠지. 네가 의대를 들어갔다고 했을 때 반갑기도 하고 아이고, 안쓰러운 마음도 생기더구나. 외국어로 공부해야 하니 두 배로 힘들겠구나 싶어서. 그런데 네 고민은 내 예상과는 다른 곳에서 발생했지.

공부하는 와중에 학점 비율이 그렇게 높지 않은 과목의 초대 교수님 강의를 들을 기회가 있었는데, 강의는 한 시간도 채 되지 않았어요. 아마 그 강의가 저를 지금 여기로 데려오지 않았나 싶어요. 현대인에게 가장 많이 발병되는 질병은 만성질환(심장병, 당뇨병, 비만, 고혈압 등)인데, 이는 저소득층이 걸릴 확률이 매우 높다. 많은 경우에 이는 좋지 못한 생활 습관으로 인한 것인데, 이것을 개인의 문제로 돌릴 수만은 없다. 저소득층은 상대적으로 가난한 동네에 살 수밖에 없으며, 그 주변에서 구할 수 있는 음식은 저렴하지만 건강에 좋지 못한 패스트푸드뿐이다. 그들은 대체로 일하고 아이들을 키우느라 바빠서 운동하러 나가거나 건강한 음식을 만들 여유 같은 건 없다. 그러니 그들에게 마치 무엇을 먹을지, 운동을 할지 말지 선택권이 주어진 것처럼, 그래서 그 질병이 모두 그들이 자신을 돌보지 않아 생긴 것처럼 말하는 것에는 문제가 있다. 중증외상센터에 실려오는 사람들 대부분이 육체노동을 하는 블루칼라 노동자들이다. 가난한 사람은 부자들보다 더 빨리 죽는다. 이것은 빈부격차로 인해 생기는 문제다…라는 내용이었어요. 더 많은 사람을 살리기 위해서는 빈부격차가 왜 생기며 어떻게 해결할 수 있는가에 대한 질문을 하는 것이 합당해 보였어요. 하지만 그것은 의사들의 관심사가 아니더라고요.

너는 빈부격차의 원인과 해결 방법에 천착했고 의대를 잠시 접고 철학과에 다시 입학했지. 와우, 놀라운 결단과 추진력이라니. 우리가 통화를 한 것도 그즈음이었던 거 같아. 철학을 공부하면서 너의 고민은 오히려 깊어졌지. 학교에서 배우는 사상가 대부분이 백인 남성이라는 것도 받아들이기 힘들고, 철학 또한 세상의 문제를 해결하는 데 별 도움이 안 된다고 너는 토로했지. 난민을 주제로 논문을 쓰는 과정에서 난민을 살리는 일보다 토론하는 것에만 열중하는 동료들을 참을 수 없어했고.

그런데 그들은 자신이 난민이 될 경우는 생각조차 하지

않아요. 자신의 나라에서 전쟁이 나서 피난을 가야 하거나, 기후 변화로 삶의 터전을 잃는 경우는 생각하지 않아요. 그래서 저에게는 너무 단순한 문제가 그들에게는 몇 날 며칠을 토론해도 답이 나지 않아요.

 맞지. 바로 그거지. 세상의 모든 문제는 의외로 아주 단순하지. 배고픈 사람은 먹어야 하고 아픈 사람은 치료받아야 하고 집이 없는 사람에겐 둥지를! 그 단순한 문제가 계급과 종교와 젠더와 지역과 인종과 맞물려 미션 임파서블이 된 건 어제 오늘의 일이 아니지. 밀과 벼가 세상의 모오든 사람을 먹이고 남을 정도로 충분한데 여전히 인구의 절반은 굶주리고 있으니. 아주 간단한 문제를 아주 복잡하게 만드는 게 호모 사피엔스, 지혜로운 우리 종의 특성인 거 같아. 그 끝에 너는 내게 물었지. 어딘은 어떤 힘으로 살아가냐고.
 그러게, 내가 눙치고 넘어가려 하자 겨울의 한가운데 너는 긴 편지를 보내왔다. 격정적이고 치열한 문장으로 가득 찬 편지를 읽으며 나는 생각했다. 오오, 청춘이여, 뜨거운 심장이여. 금방이라도 격발할 거 같은 탄환을 품고 사는, 오오, 번쩍이는 광채여. 생의 한가운데여. 어떤 부적절한 것들도 너의 빛에 녹아내리리니, 지금처럼 부시게 아프게 고독하게 빛나길. 위대해지기 위해 비참한 것들도 세상에는 있나니 가장 먼저 울고 가장 먼저 웃는 사람, 그대가 기도다.

너무 잘 살고 있어서 사실 별 할 말이 없지만 그래도 답장이니 몇 마디 부연하자면 산소, 너와 같은 고민을 하는 사람들이 옛날에도 있었고 지금도 있다는 걸 아는 건 중요한 거 같아. 마음과 몸이 고단할 때 다시 일어설 위안과 힘과 영감과 힌트를 얻을 수 있을 터이니. 떠오르는 대로 이야기해 볼게.

의사, 라고 하면 나는 어쩐지 닥터 노먼 베쑨이 가장 먼저 떠올라. 1890년에 캐나다에서 태어나 1939년에 중국에서 생을 마감한 의사지. 그는 의사 생활 중에 폐결핵을 앓고 완쾌된 뒤 흉부외과 전문의가 되는데, 폐결핵의 근본 원인이 빈곤에 있다는 사실을 깨닫고 점차 사회적인 문제로 관심을 확장해 나가. 산소가 고민했던 바로 그 지점이지. 가난한 노동자와 빈곤층의 치료에 열중하는 한편 세계의 구조를 바꾸는 사람들과도 접속해 나가지. 스페인 내전에도 참전하고 중국혁명에도 참여해 부상병들을 치료하고 구조해. 그가 살려낸 한 사람이 어쩌면 세상을 바꾸는 운동에 결정적인 역할을 할 수도 있었지. 그러니 의사란 세계를 변혁할 사람을 살려내는 사람인지도 모르겠다. 수술 중에 감염이 되어 마흔아홉 살에 세상을 뜨지만 그가 살려낸 사람들은 이후로도 그의 꿈을 건설해 나갔겠지. 국가를 벗어던지고 국경을 넘나들며 경계를 지우고 무화하며 병든 세계를 수술해 나간 닥터 노먼 베쑨. 그에게 세상의 모오든 환자는 평등했다. 백인이든 아시아인이든 부자든 가난한 사람이든 여성이든 남성이든 아이든 어른이든. 아프고 부상당하고 상처받은 사람이 있는 곳, 그곳이 그의 병원이었지.

  그는 나의 동지가 되었다. 이십 대 초반《닥터 노먼 베쑨》이란 책을 읽은 이후. 사피엔스는 참으로 독특해서 한 번도 본 적 없는 사람, 이미 이 세상 사람이 아닌 이들과도 기꺼이 동지가 되지. 시몬 베유, 박차정, 로자 룩셈부르크, 김 알렉산드라, 다이앤 포시, 김학순…. 파리에서 만주에서 바르샤바에서 우랄에서 르완다에서 한반도에서 그녀들은 전위였다. 찬란한 세계를 한순간에 진부하게 만들고 안온한 질서에 푸르게 균열을 내고 낡은 관습에 사뿐히 필사적으로 저항했던, 여자들. 그녀들의 등을 밟고 나는 오늘 여기에 있다고 늘 생각해.

  동지는 우연히 되는 건 아닌 거 같아. 도모하고 공조하고 연대하며 모험과 분투의 시간을 같이 보낼 때, 끝없는 노동과 남모를 수모를 함께 견디어 낼 때, 서로의 시련과 상처를 오오래 목격하고 증언할 수 있을 때, 동지, 비참과 위대를 동시에 지닌, 고결과 어리석음을 한 몸에 간직한, 세상에서 가장 나약하고 동시에 가장 절박해서 강인한 나의 벗이 거기에 있지. 천천히 공들여 간절히 동지를 만드는 일, 이 멋진 신세계를 꿈꾸던 사피엔스가 끝끝내 한 일이었던 거 같아.

어떤 힘으로 살아가나 생각해 보니, 현장과 동지라는 말이 떠올라 주저리주저리 이야기가 길었다. 의대가 됐든 공장이 됐든 학교가 됐든 마을이 됐든 온라인이든 오프라인이든, 산소, 네 생각을 일상에서 실현할 현장은 필요한 거 같아. 부딪치고 갈등하고 깨지고 망하더라도 다시 간곡하게 마음을 추슬러 되돌아가야 할.

> 일은 사람을 강하게 만든다.
> 전심전력으로 일을 해나가고 책임지는 과정 속에서
> 기쁨을 맛보고 자기 절제로 단련된 아이의 인격은
> 훨씬 앞선 곳으로 뚜벅뚜벅 나아가고 있으니.
> —박노해, 《아이들은 놀라워라》, 느린걸음

박노해의 사진 에세이 가운데 「페샤와르 시장의 신발 수선공」 중 일부를 공유한다.

산소, 이제 비밀을 발설할 시간이 되었구나. 마침내 때가 온 것 같아 오래 간직한 이 비밀을 너에게 전하니, 이 말을 접한 네가 할 일은 언젠가 때가 오면 너 역시 누군가에게 이 말을 전해야 한다는 것이다. *우리는 한 번도 진 적이 없다.* 사바나의 숲에서 두 발로 선 이후 지금까지 인류는 나를 살리고 이웃을 살리고 뭇 생명을 살리는 유전자가 승리하도록 진화했고 앞으로도 그럴 것이야. 고귀한 것들은 사라지지 않고 전승된다, 겨우 간신히 가까스로. 의심스럽다면 《종의 기원》이나 《다윈 지능》, 《이기적 유전자》 따위의 책을 훑어보길. 거기 네 염색체의 지도(한 번도 진 적 없는)가 촘촘하고 섬세하게 그려져 있을 터. 그러니 산소, 너는 네 유전자를 믿고 마음껏 살아가길. 최초의 생명이 너에게 전하는 심중의 말 한 마디 가슴에 품고. 담대하게, 다정하게, 명랑하게.

아카시아 향내가 바람을 타고 들어오는구나. 여름이 시작되나 보다. 건강하길. 이만 총총.

2023년 봄날의 끝자락에,
정릉에서 어딘

❀

## 미싱 공장
## 문학반의 여자들

　20대 시절, 돈을 벌고 글 쓰는 것 외에 한 가지 일을 더 했다. 청계피복노동조합 문화학교 강사. 대학을 졸업한 해에 시작한 일이다. 1990년이었고 군부독재가 여전히 서슬 퍼렇던 시절이었다. 강철 같은 마음을 가진 선배나 친구들은 인천이나 부천, 구로 등지의 공장으로 가서 위장 취업을 하고 노동운동을 했다. 공장에 갈 자신은 없었으나 운동의 자장 안에 있어야 한다는 마음으로, 소시민적 한계를 극복하지 못한, 나약한 학출 나부랭이인 나는 청계피복노동조합의 문화학교에서 '안전하게' 일했다. 청계피복노동조합은 1970년 스물두 살 청년 전태일의 분신을 계기로 만들어진 노동조합이다. 근로기준법을 지켜라, 일요일은 쉬게 하라, 내 죽음을 헛되이 말라, 젊디젊은 청년이 마지막으로 외친 말이다. 지금 생각해보면 얼마나 얼토당토않은 요구인가만은 그 시절 평화시장 봉제 공장에 다니던 노동자들에게는 가장 절실하고도 절박한 문제들이었다. 전태일의 죽음 이후 그의 어머니 이소선 여사를 비롯해 평화시장 노동자들의 헌신적인 투쟁으로 청계피복노동조합이 만들어졌고 온갖 탄압과 억압 속에서도 맹렬한 투쟁과 연대로 청피는 한국 노동운동의 주요한 한 축이 되었다.

  지하철 1호선 동대문역에서 내려 십여 분 걸어가면 노조 사무실이 있었다. 문화학교는 노동조합에서 가장 말랑말랑한 조직이었다. 한문반, 노래반, 풍물반, 미술반, 문학반이 있었고 나는 문학반 강사 일을 했다. 한문반은 문화학교에서 가장 유서 깊은 모임이었다. 한문으로 쓰인 근로기준법을 독학으로 공부하기가 너무 어려워 해설서를 구해 읽었지만 그마저 한문투성이 법률 용어가 많아 힘들게 공부했던 전태일의 이야기는 당시 대학생들에게 죄의식과 부끄러움을 느끼게 했다. 그 맥락은 1990년대 초반까지 이어졌는데 한겨레신문이 창간되기 전 대부분의 한국 신문들은 한자와 한글을 섞어 썼고 관공서의 주요 서식들도 한자를 사용하는 경우가 빈번했기 때문이다. 지금은 한글의 가로쓰기와 한글 전용이 너무나 자연스럽고 당연한 것이지만 삼십여 년 전만 해도 신문의 헤드라인은 모두 한자였고 기사에서도 가장 중요한 낱말은 한자였다. 초등학교나 중학교를 졸업하고 일을 시작한 평화시장 봉제 노동자들에게 그러므로 한문반은 유용한 공부 모임이었다.

 노래반과 풍물반은 인원도 많고 떠들썩하고 유쾌했다. 반면 문학반은 소수였고 조용한 집단이었다. 우리는 일주일에 한 번씩 만나 서로의 글을 읽고 합평하고 계절에 한 번씩 문집도 만들고 엠티도 가고 여름에는 전국노동자문학회 대동제에도 참석했다. 마창노동자문학회, 구로노동자문학회, 인천노동자문학회… 노동 해방 문학의 깃발이 나부끼던 시절이었다. 아주 가끔 작가를 초대해 이야기 나누는 시간도 가졌다. 《누가 나에게 이 길을 가라 하지 않았네》를 썼던 시인 조호상이 엘리베이터 없던 4층까지 다리를 절며 걸어 올라왔던 기억이 새록새록 떠오른다.

> 누가 나에게 이 길을 가라 하지 않았네
> 내게 투쟁의 이 길로 가라 하지 않았네

> 그러나 한 걸음 또 한 걸음 어느새 적들의 목전에
> 눈물 고개 넘어 노동자의 길 걸어 한 걸음씩 딛고 왔을 뿐
> 누가 나에게 이 길을 가라 하지 않았네.

 그 시절 우리가 즐겨 부르던 노래다. 하루 일을 끝내고 실밥을 떼어내며 늦은 밤 노조 사무실 문을 열고 들어오던 미싱사 시다 인타사 재단사들, 옥분이, 유순이, 인자, 옥자, 향정이, 정예, 영숙이는 짬짬이 틈틈이 공들여 써온 각자의 글을 한 편씩 꺼내놓았다. 곰살곰살 그러나 타협하지 않고 글에 대한 합평을 했다. 우리는 문학반이었으므로. 문장에 대한 이야기이면서 계급에 대한 이야기, 구성에 대한 이야기이면서 사회적 모순과 불평등에 대한 이야기, 인물의 캐릭터에 대한 이야기이면서 노동자 계급의 당파성에 대한 이야기, 살아온 날들의 고단함과 살아갈 날들에 대한 고민, 글에 대한 이야기이면서 삶에 대한 이야기, 도란도란, 그런 시간이었다. 돌아보면 초등학교나 중학교를 졸업하고 공장에 취직해 가족을 부양하고 오빠의 대학 등록금을 대고 아버지의 약값을 마련하던 딸들의 서사는 그 시절을 끝으로 막을 내린 거 같다. (이제 그 이야기는 방글라데시 필리핀 캄보디아에

서 재현된다.)

 옥분이는 해남이 고향이었다. 초등학교를 졸업한 해, 중학교를 보내달라고 일주일 내내 아침마다 변소 앞에서 아버지를 졸랐다. 형제자매 많은 집에서 아버지를 독대할 시간이 그때뿐이었기 때문이다. 한 달 후 아버지는 옥분이의 손을 잡고 서울로 왔고 옥분이 첫 번째로 취직한 곳은 창동에 있는 샘표 공장이었다. 열네 살부터 세상살이를 시작한 옥분이는 스무 살 즈음 평화시장의 미싱사로 일하고 있었다. 유순이는 정선 사람이었다. 팔남매인가 구남매 중 다섯째인가 여섯째인가 그랬다. 중학교를 마치고 담임 선생님의 주선으로 청계천 봉제 공장에서 시다로 일하다가 인타사가 되었다. 유순이는 월급을 모아 오빠의 대학 등록금을 댔다. 인자는 고등학교를 졸업하고 취직했는데 오빠가 청계피복노동조합 선전부장이었다. 인자가 썼던 시「남산타워」는 절창이었다. 일을 하다 내다보면 남산타워 빨간 불빛이 반짝인다는 인자의 시는 문학반 사람들의 찬사를 받았다. 피부가 하얗고 덩치가 큰 향정이도 문학반에서 글을 썼다.
 향정이의 이삿짐을 나르던 날, 리어카에 짐을 싣고 좁디좁은 골목길을 누비며 도착하니 대문 옆 문간방이 향정이가 얻어놓은 셋방이었다. 꽃무늬 비닐 옷장 하나 놓고 향정이가 누우니 딱 맞았다. 은유가 아니라 실제다. 향정이는, 일찍 죽었다. 고향에 내려갔다는 소식 듣고 얼마 지나지 않아 들려온 부고였다. 샤기커트머리를 하고 우렁우렁 잘 웃던 향정이, 미싱 타던 향정이, 청계피복노동조합의 조합원이던 향정이, 30년이 지났는데도 내 기억 속에 이십 대인 향정이.

11월엔 청량리역에서 기차를 타고 마석 모란공원에 갔다. 그곳에 전태일의 무덤이 있었다. 기차 한 량에 노조원들이 모두 같이 타고 갈 때면 야유회를 가는 것처럼 흥성스러웠다. 바위처럼 살아가리라, 우리 문학반의 영숙이가 노래를 하면 뺨이 오동통한 선전부의 갈복화가 의자 위에 올라가 춤을 추었다. 이소선 어머니는 아들이 죽은 그해부터 해마다 해마다 해마다 모란공원에서 아들의 말을 전했다.

'지금 누구의 말도 듣지 말고 내 말만 들어요···. 내가 다 못한 일을 엄마가 해준다고 내게 약속해 주세요.' 온몸이 불에 그을린 천금 같은 아들이 마지막으로 한 말이다. 어머니는 뼈가 가루가 되도록(이것도 은유가 아니라 사실이다) 그 일을 했다. 이소선 여사는 이제 아들 곁에 나란히 누워있다. 빨간 꽃 노란 꽃 꽃밭 가득 피어도 하얀 나비 꽃나비 담장 위에 날아도 따스한 봄바람이 불고 또

불어도 돌아가던 미싱 공장의 불빛. 전태일기념사업회가 있던 창신동 골목길도 선연하다. 미음자 한옥 마루에 둘러앉아 두런두런 합평을 하다 문득 내다보면 마당 위로 싸목싸목 하얀 눈이 내리던 겨울날, 호빵과 귤, 라면을 먹어가며 보냈던 몇 번의 사계는 결결이 촘촘히 척추에 쌓여 있다. 물론 글로도 남아있다. 열네 살에 서울 올라와 고단하고 서러운 시절을 보내면서도 맑고 활기차고 훤칠하고 올곧던 옥분이의 이야기는 긴 서사시로 완성했다. 김형수의 〈지리산〉, 이산하의 《한라산》처럼 등줄기가 서늘해지는 장편서사시가 풍미하던 시절이었다. 시의 리듬과 압축성을 갖되 소설적 서사를 가지는 장편서사시는 지리산의 빨치산 이야기, 제주 4.3 이야기 등 아프고 신산한 현대사를 품어 안을 수 있는 새로운 형식이었다. 이산하의 《한라산》은 금서라 제대로 구할 수가 없어 복사본의 복사본을 구해 읽었다. 뜨거운 눈물이 복사본 위로 투두둑 떨어졌다. 문학이 할 수 있는 일이, 있었다.

  글을 쓰고 돈을 벌고 사회단체에서 일을 하는 동안 20세기가 저물고 있었다. 1998년 '나와우리'라는 시민단체에서 일을 하기 전까지 오랫동안 쓰리 잡 Three job 인생을 살았다. 쓰리 잡 인생을 살았던 가장 큰 이유는 아마 쓰는 자의 정체성 덕분 혹은 때문이었지만 당시에는 그따위 생각은 하지도 않았다. 인생에서 일어나는 대부분의 일은 시간이 가야 비로소 헤아려지지 않는가 말이다. 이십 대 시절엔 글 쓴다는 이야기를 잘 하지 않았다. 엄혹한 시절, 목숨을 걸고 시대적 과제를 해결하는 사람들 사이에서 글을 쓰는 건 어쩐지 부끄럽고 겸연쩍은 일이었다. 나는 그랬다. 그러므로 쓰는 자의 정체성 같은 말은 입에 올리지도 않았으나 요즘은 가끔 글방에서 지나가는 말로 이야기한다. 쓰는 자들이란 무슨 일을 해도 글을 쓰지 않으면 어딘가 헛헛하고 개운치 않은, 몹쓸 느낌을 달고 산다. 원하든 원치 않든. 그러므로 쓰는 자들의 삶이란 고달프다. 쓰지 않고 살 수 있으면 그게 좋은 삶이다, 라고. 진정이다. 요즘은 그래도 어디 가서 글 쓰는 사람이라고 소개한다. 나이 먹으니 미추(美醜)가 동등하고 경중이 대등하고 혁명과 글이 평등하다. 침묵과 소란이 하나다.

4장

# 멋진 이국의 친구들과 교유하기

## ❀ 3

### 나와
### 우리

    1997년 2월, 아프리카에서 돌아오는 비행기 안에서 처음 한 생각은 '다음엔 서아프리카에 가봐야겠어'였다. 케냐 탄자니아 르완다 우간다, 동개동개 붙어있는 동아프리카를 한 달 반 여행하고 귀국하는 길이었다. 해외여행 자유화가 이루어진 건 대학교 4학년 때였다, 고 나중에 알게 되었다. 나와 내 친구들은 그 정보조차 갖고 있지 않았다. 1980년대 대한민국 사람들 대부분은 외국으로 여행을 간다는 생각 자체를 하지 않았다.

    대학을 졸업하고 몇 년 후 비로소 외국 여행을 갈 수 있다는 사실을 인지했다. 큰 고민이나 결심 없이 중국부터 시작해 영국 프랑스 스위스 이탈리아 헝가리 등지를 다녔다. 다행히 부모 봉양의 의무로부터 자유로웠고, 아버지는 아직 젊고 경제 활동을 하셨다, 돈을 모아야 한다는 강박도 없었으므로 이십 대의 나는 배낭을 메고 세상을 떠돌았다. 청계피복노동조합 일을 그만두고 아프리카로 떠나는 나에게 친구가 말했다. 네가 비난해 마지않던 부르주아적 삶의 행태에 다름 아니지 않느냐고. 마음이 베였지만 아프리카에서 아물었다. 수평선 위로 붉은 달이 떠오르던 몸바사, 침묵으로 압도하던 한낮의 세렝게티, 안개로 가득하던 응고롱고르 대평원, 비 내리던 나이바샤 호수, 맘껏 자유로웠다. 그리고, 그래서, 종종 울었다.

박종철, 이한열, 이내창, 박승희, 김귀정 같은 이들의 얼굴이 떠올랐다. 시대의 어둠을 짊어지고 떠난 이들, 나 대신 죽은 사람들, 우리 대신 죽임 당한 사람들. 원껏 행복할 때 한정 없이 자유로울 때 스무 살, 스물한 살, 스물두 살, 스물세 살의 나이에 고문실에서 거리에서 공장에서 스러져 간 그들이 떠올랐다. 철로에서 호수에서 바닷가에서 발견된 푸르디푸른 청춘의 시신들. 시대의 암흑을 온몸으로 걸어간 이들. 80년대는 나의 중력이었다. 끈 떨어진 연처럼 멀리멀리 날아가다가도 종내는 그들의 무덤 곁으로 착륙했다. 그들이 남긴 여백에 앉아있으면 마음이 안온해졌다. 기내식을 먹다가 창밖을 내다보니 몽글몽글 흰 구름이 저 아래 있었다. 나 혼자 행복해도 되나, 불쑥 고요히, 그 문장이 떠올랐다. 아프리카 여행에서 돌아오는 비행기 안에서. 서른이 되던 해였다.

그해 봄 인사동에서 우연히 대학 선배를 만났다. 일본 유학을 마치고 돌아왔다는 선배는 여러 명이 떠드는 자리에서 조용히 앉아있더니 다음 날 전화를 걸어왔다. 시민단체를 만들자고 했다. 좋지요, 바라던 바였어요. 몸도 마음도 충분히 준비되어 있었다. 서아프리카 여행 따위 생각도 안 났다.

1년의 준비 기간을 거쳐 1998년, 선배와 나는 '나와우리'라는 시민단체를 설립했다. '또하나의문화'를 들락거리며 알게 된 김영옥 선생님이 새로 만들 단체에 대해 열정적으로 떠드는 나를 보더니 카랑카랑 말씀하셨다. 현아 씨, 이제 글은 못 쓰겠구나. 무슨 말씀? 의아한 표정으로 바라보는 나를 향해 선생님이 말씀하셨다. 지금부터 현아 씨가 하는 모든 일을 글로 써, 그래야 해. 딕션이 어찌나 좋은지 콕콕 박히는 발음으로 말씀하셨지만, 잊어버렸다. 나중에 보니 선생님의 혜안이 옳았다. 옳아도 너무 옳았다. 나와우리를 시작하고 그때까지 써오던 시를 한 편도 완성하지 못했다. 시들은 늘 초고 상태로 습작 노트에 머물렀다. 대신 다른 글을 썼다. 매달 24페이지짜리 혹은 32페이지짜리 뉴스레터를 혼자 만들었다. 시론도 내가 쓰고 행사 소식도 내가 쓰고 인터뷰도 내가 하고 회원 근황도 내가 쓰고 회비 납부 정리도 내가 했다. 교정도 보고 교열도 보고 인쇄 맡겨 나온 완성본은 호치키스로 찍어 봉투에 넣어 딱풀 발라 우표 붙여 발송했다. 기획안도 쓰고 보고서도 쓰고 제안서도 쓰고 편지도 썼다. 선배와 둘이서 온갖 일을 했는데 역할 분담이 그랬다. 힘들지도 않았다. 대학 때부터 늘 하던 몸에 밴 일이라 뚝딱뚝딱 하면 됐다.

나와우리는 여행을 매개로 사람들을 만났다. 이주노동자와 함께 하는 여행, 장애인과 함께 하는 여행, '위안부' 할머니들과 함께 하는 나들이, 일본 시민단체와 함께 하는 답사, 한가하고 유유자적한 단체처럼 보였지만 만만찮게 일이 많았다. 여행 전엔 그 여행 주제와 관련한 사람들을 초대해 강의를 조직하고 여행을 다녀와서는 후속 모임을 했다. 나와우리의 문을 열고 처음 1년은 늘 새벽에 집에 들어갔지만 몸도 마음도 가뿐했다. 작은 단체였지만 스스로 만든 터라 사업 기획부터 홍보, 재정 회계, 회원 관리까지 직접 해보니 일의 경중과 선후도 알게 되었다. 네트워크가 얼마나 중한지도 켜켜이 알게 됐다. 큰 배움이었다. 로드스꼴라에서 만난 내 학생들에게 '인생에서 구멍가게라도 좋으니 네 사업을 한번 해봐. 세상이 잘 보여' 말하곤 했는데 지금도 그 생각은 변함없다.

 나와우리가 했던 가장 큰 일은 베트남전 당시 한국군에 의한 민간인 학살에 대한 취재 프로젝트였다. 1965년에서 1975년 사이 베트남에서 전쟁이 벌어졌다. 미국과의 10년 전쟁이었다. 그 전쟁에 한국군이 파병되었고 한국 군인들이 비무장 베트남 민간인을 학살했다. 나와우리는 베트남을 답사하고 취재하여 그 사실을 한국 사회에 알리고 한국 정부는 비무장 민간인을 학살한 과거에 대해 사과하라는 운동을 했다. 요약하자면 그렇다. 문제는 세상에는 요약되지 않는 일이 있다는 것이다. 베트남에서 내가 만난 사람들의 이야기가 그랬다. 몹시도 그랬다.

  1966년 음력 9월 27일 아침 7시경이었다. 우리들은 평상시와 다름없이 밥을 먹거나 일을 할 채비를 하고 있었다. 한국군은 마을로 들어오며 닥치는 대로 쏘았다. 밥을 먹다가, 젖을 먹이다가 사람들은 죽었다. 그리고 모아서 죽이기도 했다. 한국군이 들어왔을 때 나는 땅굴에 있다가 달아나서 사탕수수밭에 숨었다. 불을 지르고 난리가 났다. 한국군이 산으로 물러나고 보니 사람들은 두세 명씩 대여섯 명씩, 고꾸라지고 엎어지고 각양각색으로 죽어 있었다. 밥을 먹다가 죽은 사람도 있고 젖을 먹이다가 죽은 사람도 있었다. 우리 집은 더 난리가 아니었다. 아버지는 밥을 먹다가 밥그릇을 든 채 넘어져 있었다. 입안에는 밥알이 그대로 있었다.

조카들은 기어다니길래 아, 안 죽었구나 하고 가보니 기어다니는 채로 죽어 있었다. 뚜껑 없는 땅굴로 가보니 어머니와 조카들이 앉아 있었다. 안 죽은 줄 알고 꺼내려고 보니 앉은 채로 모두 죽어 있었다. 외조카는 모두 세 명의 아이를 데리고 있었는데 생후 두 달 된 아이는 죽어서도 가슴에 안고 있었다. 젖을 먹이던 중이었는지 젖 한쪽이 나와 있었다. 얼마나 무서웠는지 얼굴이 파랬다. 그러나 저 위령비에는 3명의 이름만 있다. 6명의 아기들 이름은 없다.

꽝응아이 성 선띤 현 푹빈촌에서 만난 응웬 리 씨의 증언이다.

1966년 10월 9일, 한국군들은 헬기를 타고 이 마을로 들어와 주민들을 한곳에 모았습니다. 오후 5시경 주민들을 모두 엎드리게 하였지요. 그후 수류탄을 던져 주민들을 죽였습니다. 내 옆에 있던 아기와 아주머니도 수류탄 터질 때 죽었고, 내 앞의 노인이 몸을 일으키니까 총으로 쏴서 죽였지요. 그때가 우기라서 비가 많이 내렸어요. 핏물이 비와 함께 섞여 흥건해지고… 내 입에서 피가 콸콸 나오자 살려두었지요. 내 등 위에 있던 며느리와 손자는 그 자리에서 죽었습니다. 어언 씨와 그 딸은 부상을 당했지요. 나도 부상을 당했는데 지금도 팔에 흉터가 남아 있습니다. 학살이 끝나고 한국군이 물러가자 어언 씨가 자신의 딸에게 물을 가져다달라고 부탁해서 내가 논으로 가 물을 떠오니 이미 두 사람은 죽어 있었습니다. 나에게는 모두 13명의 자식이 있었는데 8명의 아들과 2명의 딸과 1명의 며느리를 전쟁통에 잃었습니다. 현재는 3명의 자식만이 남았죠.

꽝응아이 성 팜 티 메오 할머니의 말이다. 사이공 푸옌 퀴년 꽝응아이 퐁니 퐁녓 하미 안빈 투이보 뚜이호아…. 베트남의 수많은 지역을 떠돌며 나는 듣고 또 들었다. 부드러운 살 속에 당시의 파편이 아직도 박혀있는 응우옌 런, 시체 더미 속에서 홀로 아이를 낳은 릉 티 퍼이, 생후 3개월 만에 폭탄을 맞아 시력을 잃었지만 환하게 웃을 줄 아는 도안 응히, 턱과 혀가 날아가 버린 응웬 티 니…. 그들은 모두 학살의 현장에서 살아남은 사람들이었다. 통한과 눈물과 분노와 원한과 상처, 세상에는 복구되어지지 않는 상처가, 시간이 지날수록 파랗게 살아나는 기억이 있다는 것을, 알게 되었다. 옷을 벗어 가슴에 길게 그어진 상처를 보여준 팜 티 메오 할머니, 전시집단강간을 당하고 전사가 되었던 응옥, 쏟아지는 총탄 속에서 엄마 품에 안겨 살아났지만 평생을 두통에 시달리는 당 티 카….

  자료를 찾고 녹취를 풀고 퍼즐을 맞추며 나는 썼다. 산더미 같은 자료를 찾아읽고 참전 군인들을 만나 이야기를 듣고 각종 세미나와 학술 대회 발표 준비를 하고 여러 취재에 응하며 여덟 시간도 쓰고 아홉 시간도 썼다. 손목이 안 돌아가길래 한의원에 가니 의사 선생님이 침을 놔주며 일주일 동안 손을 쓰지 말라고 했지만 돌아와서 한 손으로 타이핑을 했다.

  《전쟁의 기억 기억의 전쟁》은 그리하여 나온 어쩌다 나의 첫 책이다. 민간인 학살을 부인하는 참전 군인들과 격렬한 싸움이 한창이었으므로 기쁘거나 뿌듯하지 않았다. 논쟁이 어떻게 번질지 몰랐으므로 신문 지면 한가득 책이 소개될 때도 긴장했다. 나는 내 첫 책이 당연히 시집이 될 거라고 생각했다. 20대 내내 시를 썼으므로. 무지막지한 전쟁 이야기가 첫 책이 되다니 맙소사, '진화에는 목적도 방향도 없다'라는 말에 밑줄을 그을 때부터 알았어야 했다. 아버지는 연필을 들고 첫 문장부터 마지막 문장까지 꼼꼼하게 줄을 쳐가며 읽었노라고 나중에 말씀하셨다. 혹시라도 논리에 맞지 않거나 어긋난 말을 할까봐. 아버지가 지나가는 말처럼 흘려 말씀하셨다. 틀린 게 한 문장도 없더구나. 경상도 보수 우익인 아버지가 그렇게 말했을 때, 조금 기뻤다.

그리고, 아팠다. 번아웃이라는 말이 없던 시절이었다. 스멀스멀 아프던 위가 딱딱해지는가 싶더니 통증이 생겨났다. 밥알이 배로 내려가지 않고 머리로 올라가는 느낌이었다. 처음으로 내시경 검사를 받았다. 의사는 위염 말고는 특별한 이상이 없다며 약을 처방해 주었지만 약을 먹고도 여전히 아팠다. 숨이 가쁘게 쉬어지고 소화는 계속 안 됐다. 먹지 못하니 몸무게가 점점 빠졌다. 한의원도 가고 마음 수련도 하고 기 치료도 받았지만 나아지지 않았다. 그렇게 누워있지 말고 운동을 해봐, 라고 충고하는 사람을 만나면, 쓸쓸했다. 아프지 않은 사람은 아픈 사람을 이해할 수 없구나, 그 사이에 흐르는 강은

깊고도 넓고도 거칠구나. 손가락 하나 움직일 기력이 없어, 라는 말은 그러므로 꿀꺽 삼켰다. 아프다, 라는 말은 무망했다. 아픈 상태, 위가 꼬약꼬약 아파요 명치끝이 찌르듯 아파요 눈을 뜨기 어려울 정도로 기운이 없어요, 같은 말은 상대방에게 닿기보다는 그 사이 어딘가에 추락하거나 미끄러졌다. 모두가 자신의 경험 속에서 아프다, 라는 말을 이해하고 해석할 뿐 동일한 감각을 느낄 수는 없다. 언어란 이토록 무용한 것이로구나, 어쩐지 통쾌하면서도 서운하면서도 웃겼다.

불립문자(不立文字)*, 말이 끝어진 자리에 비로소 내려앉는 적막도 나쁘지 않았다. 언어가 닿지 못하는 곳에서 병은 활활발발 생기로웠다. 2002년이었다. 정독도서관 근처 주택에 살았는데 창을 열어놓고 침대에 누워 있으면 광화문에서 지르는 함성이 집까지 들려왔다. 월드컵이 한창이었다. 모두가 축제의 한가운데 있을 때 무덤 같은 서늘한 방에 혼자 누워 있었다. 죽을 수도 있겠구나, 찬 배를 손으로 누르며 생각했다. 슬픔도 여한도 없었다. 돌아보면 젊디젊은 시절이었는데 어쩜 그리 한 오라기 생에 대한 미련도 없었을까.

---

\* 글이나 말이 아닌 마음에서 마음으로 진리를 전한다는 뜻의 불교 용어.

조금 나으면 다시 일을 하곤 하던 나와우리를 그만두었다. 아프지 않았다면 나는 아직도 나와우리를 하고 있을 것이다. 다양한 방식으로 변주하며.

기력을 회복한 건 남산 덕분이다. 나와우리를 그만두고 영상물등급위원회에서 일을 하게 됐다. 영상물등급위원회는 말 그대로 영상물의 등급 심의(전체 관람가, 15세 관람가, 청소년 관람 불가 따위)를 수행하는 법적 기관이다. 국내에 개봉하는 모든 영상물은 영등위의 등급 분류를 거쳐야 개봉 가능하다. 심의를 받지 않은 영상물은 불법 영상물이다. 영화는 물론이고 미국 드라마, 뮤지션들의 콘서트 같은 공연 영상물, 야한 동영상까지 그 범주가 광범위했다. 공공성과 윤리, 청소년 보호 따위를 근거로 예술성을 침해하는 단체 아닌가 선입견이 있었는데 막상 일해보니 치열한 논쟁과 검토의 과정을 거쳐 등급이 분류된다는 것을 인정하게 됐다. 폭력에 관용적이면서 선정성에 대해서는 지나치게 엄격한 잣대를 들이대는 것 아니냐, 예술과 외설의 경계가 어디냐, 성폭력 재현의 이유와 목적 그러니까 누구를 위한 시각적 재현인가 같은 논의는 간단치 않았다. 다양한 이력과 배경을 가진 심의위원들은 물러서지 않고 자신들의 의견을 개진했다. 협의를 하기까지 종종 언성이 높아지기도 했지만 토론을 거쳐 합의점을 찾아나갔다. 해보지 않으면 알 수 없는 일이 있는데 영상물등급위원회 일도 그랬다. 물리적으로는 아침에 출근해 오후 두세 시쯤이면 끝나는 홀홀한 일이었다. 영상물등급위원회는 당시 남산 국립극장 안에 있었다. 퇴근하면 남산길을 걸어 버스를 타러 갔다. 꽃이 피면 꽃이 피어 좋고 비가 오면 비가 와서 좋고 바람이 불면 바람이 불어 좋았다. 눈이 오면 눈이 와서 좋았다. 때로는 동료와 같이 때로는 혼자, 때로는 노래를 부르며 때로는 춤을 추며 걸었다. 꼬박 2년, 특별한 생각 없이 그냥 걷고 마냥 걷고 속절없이 걸었다. 발바닥에서부터 차츰 기운이 차올라 아랫배로 에너지가 모였다. 남산 길은 나를 살렸다. 은유나 비유가 아니라 팩트다. 물론 이것도 시간이 흐른 후 헤아려 보니 그랬다는 거다.

  세상의 모든 일은 시간이 가야 비로소 알게 되는 것이 어쩌면 대부분이라고 이제금 나는 생각한다. 생에서 벌어지는 일을 그러므로 그 즉시 다 이해하려 애쓰지 말고 이따금은 흘려보낼 일이다. 아하, 부처가 든 연꽃을 보고 미소 지을 날이 오리니.

# 내 친구의 집은 어디인가

2021년 2월, 미얀마 군부는 또 쿠데타를 일으켰다. 아웅산 수치가 이끄는 민주주의민족동맹NLD의 압승으로 귀결된 2020년 선거 결과를 뒤집기 위해서였다. 시민들의 피가 다시 미얀마 땅을 적셨다. 그로부터 3년이 넘는 시간이 흐른 지금, 외부 세계는 미얀마의 학살과 항쟁을 잊어가고 있다. 그러나 투쟁은 현재 진행형이다. 시민불복종 운동으로 시작된 항쟁이 무장투쟁으로 전환되면서 오히려 더욱 확산되고 있다.

이 글은 나와우리 활동을 하면서 만난 미얀마, 아니 버마 친구들에 대한 이야기다.

"규환아, 마웅저는 괜찮으니?"

"네, 아직은 잘 싸우고 있어요. 얀 나이 툰 씨는 이번에 NLD 한국지부 회장이 되었는데 모금이랑 국회에서 토론했다고 한국에 있는 사람을 수배를 때렸어요."

"이런 씨발 새끼들."

"마웅저 씨는 2주 전에 KBS에 출연해서 저희도 조심하고 있습니다."

"그러게. 얼굴도 안 가리고 그렇게 대문짝만 하게 인터뷰를 해도 되는 건가 싶다."

"다들 죽기를 각오하고 있어서 겁이 나요. 매일 소통은 하고 있는데 오늘부터 인터넷이 잘 안 되고 조만간 다 끊을 거란 소문만 무성합니다."

미얀마에서 시위가 격해졌다는 소식을 접하면서 마웅저, 샤린, 모조의 안부가 걱정되기 시작했다. 이집트에서 홍콩에서 타이에서 시리아에서 시위가 일어나고 탄압을 하고 난민이 발생하는 뉴스를 보는 심정과는 약간 달랐는데, 그것은 아마도 내 친구들이 양곤과 만달레이에 살고 있기 때문일 것이다. 살림을 꾸리고 아이를 키우고 사업을 하고 미래의 꿈을 도모하는 구체적인 얼굴들이 지금 그곳에, 사람의 심장을 향해 총을 쏘는 그 현장에 있다는 것은 내 마음 한 자락 역시 그 싸움터에 연루되어 있다는 걸, 매일, 체감하고 있다.

"제일 걱정은 현지 반응이에요. 정말 다들 기꺼이 죽기를 각오하고 싸워요. 괜찮냐고 물으면 웃으면서 그래요, 아직 자기 살아있다고."

규환 역시 그곳에 있다. 20년 지기 친구들이 스스로 목숨을 거는 빌어먹을 그 엄혹한 현장에.

미얀마 사람들, 아니 버마 사람들을 처음 만난 건 1999년쯤이니 20세기의 일이다. 어느 봄날, 란주 씨가 한 남자와 함께 사무실로 들어섰다. 란주 씨는 같이 온 사람을 버마에서 온 르윈이라고 소개했다. 가무잡잡한 얼굴이었고 한국말에 익숙하지 않았다. 란주 씨가 일하는 부천외국인노동자의집*과 내가 일하는 나와우리는 이러저러한 일을 종종 함께 했는데, 돌이켜 보면 주로 무지막지한 일들에 대한 대응이었다. 란주 씨의 이야기인즉 버마 노동자 한 사람이 불법 체류로 체포되었는데 그가 송환되면 한국에서 NLD 활동을 한 것이 밝혀져 바로 감

---

\* 20세기에는 3세계에서 온 일하는 사람들을 '이주노동자'라 부르지 않고 '외국인노동자'라 불렀다.

옥에 갈 것이니 난민 신청을 하여 한국에 계속 머물 수 있도록 함께 운동을 하자는 것이었다. 버마에 NLD에 난민이라니, 모두 생소하고 낯설었지만 어쨌든 회원들과 이야기해 보기로 했다.

당시 나와우리는 '아무 일'이나 하는 단체였다. 어떤 이슈든 관심 있는 사람이 팀을 만들고 운영하면 사무국이 지원을 했다. 사무국이래야 나와 제숙, 두 명이 전부였다. '베트남과 친구되기' 팀, '일본' 팀, '장애인과 함께 하는 여행' 팀, '이주노동자들과 함께 하는 여행' 팀…. 그러다 보니 일본어회화반과 영어회화반도 자연스럽게 생겼고 젠더 이슈를 다루는 특강도 종종 이루어졌다. 이 다양한 주제를 하나로 묶어주는 건 커다란 식탁이었다. 직장인들이 주로 회원이었기 때문에 5시가 되면 슬슬 사람들이 모여들었다. 된장국을 끓이고 밥을 하고 쌈 채소를 씻고 쌈장을 만들고 누군가 가져온 김치를 꺼내고 부침개를 한두 장 부치는 동안 하하깔깔 시끌벅적 저녁 밥상 앞으로 사람들이 모여들었다. 비 오는 날은 국수를 삶고 한여름이면 감자를 찌고 수제비를 뜨고 겨울이면 고구마를 한 솥 가득 삶기도 했다.

손에 손에 먹을 것들을 들고 오는 덕에 식탁은 늘 풍성했다. 2년 동안 한 주도 빠짐없이 영어수업 자원 활동을 했던 미국 사람 로나는 내가 끓여주는 라면을 진정 좋아했다. 깻잎과 참치와 풋고추를 넣고 끓인 라면에 김치나 총각무를 곁들여 내면 와아, 어메이징, 금발 머리에 연갈색 눈동자의 로나는 국물 한 방울 남기지 않고 다 먹었다. 새로운 이슈도 이 저녁 자리에서 공유되곤 했다.

"그런데 버마가 아니라 미얀마 아냐? 왜 자꾸 버마라고 해? 한국을 조선이라고 하는 거랑 비슷한 거 아냐?"
"제가 그날 들은 바에 의하면, 미얀마라는 이름은 군사독재정권이 시민들의 의사도 묻지 않고 바꾼 거랍니다. 그래서 르윈 씨를 비롯해 버마 민주화운동을 하는 사람들이나 그들을 지원하는 사람들은 버마라는 이름을 일부러 쓰고 있다고 해요."
란주 씨와 르윈 씨가 가져온 버마 이야기에 몇몇 회원들이 관심을 가졌고 며칠 내로 '버마의친구들'이란 팀이 꾸려졌다. 알음알음 사람들이 모여들었다. 연배와 종현, 정미, 규환, 창권, 은희가 중심이 되고 관심 있는 사람들이 기웃기웃 넘나들었다. 버마, NLD, 난민이 하나로 꿰어지는 공부와 활동이 병행되었다. 버마의친구들이니 우선 버마를 알아야 했다.

"와, 이건 뭐 한국의 역사랑 아주 흡사하구만."

창권이 기가 막히다는 목소리로 말했다. 그랬다. 베트남을 공부하면 베트남의 근현대사와 한국의 근현대사가 쌍둥이처럼 비슷했고 라오스와 캄보디아, 아프리카도 어느 언저리에선 우리와 닮아 있었다. 식민의 역사가 끝나고 새로운 국가를 세우는 과정에서 겪는 혼란과 분단과 비극, 과도한 열정과 견고한 신념이 다른 과도한 열정 견고한 신념과 부딪치면서 생기는 스파크와 균열, 피, 눈물, 한숨, 비명. 물론 이 갈등과 충돌의 근원에는 땅과 강과 자원과 심지어 인간의 마음마저 자신들의 이익에 맞게 설계하고 구조화한 제국주의의 기획이 바탕하고 있음은 물론이다.

버마는 영국의 식민지였다. 세 번에 걸친 전쟁에서 지는 바람에 1885년부터 영국의 지배를 받았으니 우리보다 30여 년 먼저 제국주의의 침탈을 받은 셈이다. 우리가 1945년 일본으로부터 해방되었을 때 어라, 미얀마도 일본으로부터 해방된다. 아시아 나라들의 근현대사를 공부하다 보면 네가 왜 거기서 나와, 할 정도로 엉뚱한 데서 일본이 튀어나오곤 한다. 2차 세계대전 동안 일본이 베트남 라오스 필리핀 말레이시아 괌 싸이판 미얀마 등 아시아의 나라들을 '먹었기' 때문이다. 서양 제국주의로부터 너희들을 해방시켜 주마 대신 우리의 식민지가 되어다오. 일본 군부는 남태평양의 작은 섬들까지 촘촘하게 '점령'한다. 싸이판에 '자살절벽'이 있는 것도, 괌에 조선인 강제 징용비가 있는 것도, 훈 할머니가 '위안부'의 경험을 안고 캄보디아에서 평생을 살았던 것도 이런 이유들이다.

어쨌거나 한반도에서 일본이 물러가고 우리가 '해방공간'이라는 카오스(희망과 격정과 암살과 내분이 소용돌이치는)적인 시간을 겪는 동안 미얀마는 다시 영국의 통치를 받는다. 어떤 제국주의도 순순히 물러가지 않는다. 격렬한 독립 운동이 전개되고 곳곳에서 전투가 벌어지고 독립의 열망으로 미얀마 전체가 끓어오르자 영국은 못내 물러간다.

1948년에야 비로소 신생 독립국의 반열에 오른 버마 역시 한국이라는 나라가 그랬던 것처럼 온갖 우여곡절을 겪으며 근대국민국가의 기초를 다지고 쌓고 접착한다. 130여 개의 소수민족이 모여 이룬 나라니 우리보다 좀 더 복잡하고 정교한 설계와 협의와 공조가 필요했을 것이다.

"야, 여기서부터는 거의 똑같애. 뭐 굳이 공부할 것도 없다야. 일단 샤린 출국당하면 미얀마 들어가는 순간 바로 감옥행이다. 난민신청운동 바로 들어가자."

버마의친구들은 신속하게 움직였다. 그러니까 1960년 이후부터는 본인들의 경험이 곧 미얀마 사람들의 경험이었던 것이다. 1961년 한국에서 박정희가 군사 쿠데타를 일으킨 다음 해인 1962년 버마에선 네윈이 군사 쿠데타를 일으킨다. 두 사람 다 최고권력자의 지위에 올라 헌법을 바꿔가며 장기 집권에 들어갔다. 박정희가 정적에 의해 죽임을 당함으로써 20년 독재의 막을 내렸다면 네윈은 1988년까지 독재를 하고 그 이후로도 온갖 부귀영화를 누리며 자연사했다는 점이 다르다면 다른 점이었다.

네 툰 나잉, 얀 나이 툰, 마웅저, 모조, 샤린, 르윈, 조모아…. 우리는 버마 사람들을 만나기 시작했다. NLD 사무실을 찾아가기도 했다. NLD가 아웅산 수치를 중심으로 버마 내 민주주의 운동을 하던 사람들이 모여 결성한 정당이라는 것도 알게 되었다(아웅산은 버마 독립운동의 상징 인물이고 아웅산 수치는 그의 딸이다). 이들이 한국에 오게 된 이유가 8888 항쟁으로 수배를 당하거나 위험에 처했기 때문이라는 것도 알게 되었다. 8888 항쟁이란 1988년 8월 8일을 기점으로 버마에서 일어난 전 국민적인 반

독재투쟁을 말한다. 군부는 군대를 동원해 시민들을 진압했고 사망자만 3000명에 달하는 그 대열에, 버마 사람들은 어떤 식으로든 함께했다.

1988년, 나와 친구들 역시 길바닥을 헤매고 다녔다. 1987년 이한열의 죽음으로 시민운동이 최고조에 이르렀고 대통령 직선제를 이루어 냈다. 돌이켜 보면 얼마나 사소하고 심지어 미련해 보이기까지 한 일인가. 대통령을 시민들이 직접 뽑는 시스템을 만들자고 그렇게나 많은 사람들이 죽고 다치고 고문당하고 정신병에 걸리고 스스로를 용서하지 못하고. 1988년도 마찬가지였다. 얀나이 툰이, 마웅저가, 르윈이 양곤의 거리에서 총과 대포와 맞설 때, 우리 역시 서울역에서 명동에서 신촌에서 경찰과 대치했다. 어쩌면 그래서 우리는 굳이 버마의친구들이 되었는지 모르겠다.

영국이나 프랑스, 미국, 스위스처럼 조금 더 선진적인 나라로 가지 왜 한국으로 왔냐고 누군가 물었을 때 NLD 회원 중 한 명이 말했다.

"한국은 광주 있잖아요. 시민들 힘으로 민주주의 만든 나라잖아요."

속으로 생각했다. '이런 젠장, 오래 갈 관계야.'

샤린은 멋쟁이였다. 한겨울에도 내복을 입지 않고 청바지에 까만 코트를 걸치고 다녔다. 이봐 내복 좀 입으라고, 얼어죽는다고. 아, 폼이 나지 않잖아요. 네 툰 나잉은 견결한 원칙주의자였다. 눈이 부리부리하고 늘 단정한 셔츠를 즐겨 입었다. 모조는 힙스터였다. 엉덩이에 걸쳐지는 바지에 헐렁한 셔츠를 입었다. 노란 머리로 염색도 하고 이죽이죽 웃는 스타일이었다. 얀 나이 툰은 지적인 사람이었다. 차분하지만 신랄하기도 했다. 마웅저는 우직했지만 쇠고집으로 자신이 하고 싶은 일을 해내는 이였다. 조모아는 재간둥이였다. 사람들 사이를 누비며 웃음을 만들어 내는, 한국말을 조금만 더 잘했더라면 우리 모두를 웃음의 도가니탕으로 끌어들일 사람이었다.

누구는 학생이었고 누구는 교사였고 누구는 시인이었고 누구는 기자였던 사람들이 퉁 쳐서 '외국인노동자' 혹은 '한국 NLD'로 불렸다. 누구는 불 같고 누구는 얼음 같고 누구는 연기 같고 누구는 바다 같다는 건 친구가 되어야 알 수 있는 것들이다. 어쩌면 그 모오든 것이 한 사람 안에 공존하고 흐르고 휘돈다는 것도, 오래되고 관계가 깊어지면 절로 알게 되는 것들이다.

그들은 나를 누나라고 불렀다. 샤린이 부르는 누나와

마웅저가 부르는 누나는 어감이 달랐다. 누나가 되면 제일 먼저 이런 걱정을 하게 된다. 이 양반들이 밥은 먹고 다니나, 술은 좀 덜 마시고 라면만 먹지 말고 끼니를 챙겨야 할 텐데. 누나가 되면 다음으로 이런 생각을 하게 된다. 그렇게 안 살아도 돼, 조금 더 편하게 조금 더 자유롭게, 그러니까 강박 같은 거 버리고 그냥 살짝 이기적으로 때로는 방탕하게 살아도 돼. 누나가 되면 이런 탄식도 한다. 아아, 저 젊은 나이에 연애도 하고 양다리도 걸쳐보고 차여도 보고 아, 그래야 하는데.

"NLD에 왜 여자는 한 사람도 없어?"

"미얀마 남자 우월 나라예요. 여자가 외국 가는 거 반대해요."

"아하, 조모아 씨도 여동생이 다른 나라에 간다면 반대할 거예요?"

"저는요, 음, 두 가지 생각 있어요. 다른 나라에서 사는 거 너무 어려워요. 한국 처음 왔을 때 사람들 빨리빨리 안 하면 다 욕하고 월급 안 주고 무시하고 그런 거 생각하면 오지 마라 하고 싶어요. 그런데 한국 여자들 일 잘하고 용감하고 멋지고 그런 사람 많아요. 그러면 보여주고 싶어요. 이렇게 살 수 있다. 다르게 살 수 있다. 그래서 두 가지 마음 있어요."

샤린은 버마의친구들과 엠네스티와 부천외국인노동자의집 등 한국 시민단체들의 도움과 NLD의 열정적인 활동으로 송환되지 않을 수 있었고 이후 지난하고 오랜 10여 년의 싸움 끝에 NLD 소속 회원 아홉 명과 함께 난민 인정을 받았다. 유엔난민협약에 가입만 했지 한국은 난민을 받아들이는 데 인색하고 게으르고 무지한 나라였다. 돌이켜 보면 대한민국 임시 정부가 상해에 둥지를 튼 것도, 수많은 독립운동가들이 블라디보스토크에서 모스크바까지 누비고 다닐 수 있었던 것도, 남민전* 활동으로 빠리로 망명한 홍세화 선생도, 1980년 광주의 윤한봉이 미국으로 밀항하여 지속적으로 운동할 수 있었던 것도 난민을 인정하고 받아들인 덕분인데 말이다.

어쨌거나 버마의친구들은 다양한 방식으로 이들과 함께 캠페인을 벌이고 운동을 했다. 한남동 미얀마 대사관 앞에서 한 달에 한 번 시위에 참여하고, 버마 내 양심수 석방 운동을 벌이고, 혜화동이나 명동에서 시위를 할 때 집회 신고를 하고, 버마 민주화 운동 단체들이 활동하고 있는 메솟도 방문했다. 무엇보다 함께 밥을 먹고 함께 술을 마시고 고민을 나누고 걱정을 해결하고 미래의 비

---

* 남조선민족해방전선준비위원회.

전을 더불어 기획했다.

2015년, 마침내 NLD가 집권 여당이 되었다. 돌아갈 수 있는 사람은 돌아갔다. 신부전증으로 신장 투석을 해야 하는 르윈 씨는 한국에 남아야 했다. 어느 날 갑자기 심정지로, 오 아직도 믿어지지 않는, 젊디 젊은 나이에 죽은 네 툰 나잉도 한국에 남아야 했다. 샤린과 모조, 마웅저, NLD 친구들은 대부분 돌아갔다. 누군가는 사업을 하고 누군가는 결혼 소식을 전해왔다. 누군가는 어린이도서관운동을 시작했다. 버마의친구들은 해산하고 따비에, 마웅저가 시작한 어린이도서관운동을 후원하는 일만 하면 될 줄 알았다.

많은 사람이 사망하고 다치고 체포가 되는 현장에서 제가 여러 번 같이 시민들하고 있었습니다. 아직 제가 죽지 않았지만 그런 상황 속에서 운이 좋아서 빠져나온 것 같습니다. 시민들이 평화적으로 시위하는 장소에 군대가 오고 경찰이 와서 최루탄을 던지면서 총으로 쏴버리는 거예요. 그 현장에서 사망자도 생기고 다친 사람들이 많이 생겼습니다. 그 자리에 저는 함께 있었습니다. 우리 나라는 다양한 민족들이 함께 살고 있습니다. 민족간의 화해 문제도 있고 내전 문제도 있고 그리고 인권탄압 문제도 있습니다. 민주주의가 없어서 그런 문제들이 생기고 그런 문제들을 해결하기 위해서 민주주의가 필요합니다. 그래서 젊은 사람들도 그렇고 부모님들이랑 선생님 모든 사람들이 본인의 안전보다 민주주의를 간절히 원하고 있습니다.

마웅저가 텔레비전 화면을 가득 채우고 있었다. 맙소사, 너무 위험하잖아. 규환아, 뭘 해야 하는 거야? 마웅저는 괜찮으니? 버마의친구들에게 전화를 걸었다. 내 친구의 집이, 불타고 있다.

## 추방된 사람
## 미누

미아에게

 미누 삼촌의 부고를 전한다. 2018년 10월 15일에 세상을 떠났으니 늦어도 한참 늦은 부고구나. 그래도 어쩐지 한 번은 너희들과 미누 삼촌에 대한 이야기를 나누고 싶어서, 어쩌면 알음알음 알고 있을지도 모를 소식을 건넨다. 로드스꼴라 1기 동료들에게도 부고를 전하기를 부탁한다. 네팔을 여행하며 만났던 길 위의 선생님 미누가 세상을 떠났다고. 포카라에서 미누를 만나 보냈던 시간이 생각나는지? 함께 여성단체를 방문하고 커피 농장을 견학하는 동안 한국인인 우리보다 한국말을 더 잘하는 네팔 사람 미누를 너희는 금방 삼촌이라 부르며 좋아했지. 내가 여러분보다 한국에서 산 시간이 더 많습니다 하하하, 너희 나이를 물어보고 미누가 한 말이었지.

 미누가 한국에서 산 세월이 18년이니 열여섯, 열일곱 살이던 너희보다 한국에서 보낸 시간이 많은 건 사실이었지. 미누네 집에 초대받아 간 것도 기억이 나는지? 스무 명 가까이 되는 우리를 집으로 불러 맛있는 네팔 음식을 정성껏 차려주었지. 미누의 아버지, 미누의 누나, 미누의 조카들도 만나보고.

 그때가 2010년 봄이었으니 2009년 10월, 표적단속에 걸린 미누가 한국에서 추방된 지 1년도 채 안 되었을 때였던 거야. 건장한 체격에 부리부리한 눈, 진지하면서도 다정한 말투, 활화산 같은 열정이 가슴에 타오르던 미누. 그토록 다부지고 굳세던 미누가 죽었다니, 여전히 믿어지지 않는다.

 그때 미누가 들려주었던 이야기, 한 시간이 넘는 시간 동안 미누가 자신의 목소리로 우리에게 들려주었던, 추방된 사람 미누의 이야기.

"돌아온 지 얼마 되지 않아 오히려 네팔이 어색하네요. 내가 쓰는 어떤 네팔 말에 대해 내 누나들은 아이고 그건 옛날 말이야 요즘은 그런 말 잘 쓰지도 않는단다, 라며 깔깔 웃습니다. 그럴 수도 있겠구나 싶습니다. 17년 8개월 만에 돌아왔으니까요. 십 년이면 강산도 변한다는 한국 속담이 있지요. 그 강산이 두 번이나 변했을 시간이지요. 사실은 저도 네팔이 조금 어색합니다.

나는 2남 2녀 중 막내입니다. 큰 누나는 카트만두에 살고 있고 형은 영국에 있습니다. 용병으로 일하고 있지요. 네팔 사람이 어떻게 영국에서 용병으로 일하냐구요? 긴 이야기지만 들어보시겠습니까.

1816년, 영국이 네팔을 침략합니다. 당시 영국은 세계를 호령했던 제국이었는데 네팔에서 의외의 적을 만나 고전하게 됩니다. 총과 폭탄 등 신식 무기로 무장한 영국군에 대항해 그들은 활과 칼만으로 승리하지요. 많은 병사들이 희생되면서 영국은 도대체 이 용맹한 전사들이 누구인지 알아봅니다. 그들은 바로 구르카족이었죠. 험준한 산악지대에서 태어나고 자라난 구르카족은 심폐기능이 뛰어난 것은 물론이고 체력과 강인함을 천부적으로 타고난 전사들이었죠. 특히 끝이 구부러진 독특한 모양의 쿠크리 단검으로 무수한 적의 목을 베어 백병전의 1인자로 꼽혔지요. 전쟁이 끝나고 영국군은 이들을 동인도회사의 사병으로 편입시킵니다. 구르카 용병들은 1·2차 세계대전을 비롯해 포클랜드전쟁, 걸프전 등에 참전해 용맹을 떨쳤으며, 지금도 이라크, 아프가니스탄 등지에서 복무하고 있습니다. 제 형도 바로 그 구르카 용병입니다. 구르카 용병이 받는 연봉은 네팔의 평균 임금보다 약 50배 정도 많다고 보면 됩니다. 조카도 영국에서 공부하고 있습니다. 아버지는 아직 정정하시지만 어머니는 내가 한국에 있을 때 돌아가셨습니다. 어머니 장례에도 참석하지 못했습니다. 두고두고 마음에, 사무치는 일입니다.

1992년 2월 22일에 한국에 갔습니다. 한국을 알게 된 건 88 올림픽 때였는데 텔레비전으로 본 남산타워 불꽃놀이가 인상적이었습니다. 아, 가보고 싶다, 라고 생각하다가 정말 가게 됐죠. 고등학교 졸업하고 1년 후였습니다. 그땐 산업연수생제도나 고용허가제 같은 법도 없었던 때라 관광비자로 갔지요. 이태원으로 가서 먼저 한국으로 간 친구도 만나고 일자리도 알아봤습니다. 당시는 한국도 노동력이 많이 필요할 때라서 일자리 구하기는 쉬웠습니다. 미스터 김이라는 사람이 와서 식당과 가방 공장에 일자리가 있는데 무슨 일을 하겠냐고 물었습니다. 함께 갔던 네팔 사람들이 식당일을 꺼려해서 제가 식당으로 가겠다고 했지요.

　의정부에 있는 한정식집이었습니다. 일은 그다지 힘들지 않았는데 생선 비린내 때문에 고생을 했지요. 네팔엔 바다가 없어서 생선을 만질 일이 별로 없거든요. 누룽지가 날 살렸습니다. 아침저녁으로 누룽지를 끓여 먹었는데, 음, 그 고소한 냄새가 지금도 생각이 나네요. 식당에서 일하며 한국 음식에 대해 많이 배웠습니다. 음식뿐이겠습니까. 한국말이라곤 한 마디도 모르고 도착했는데 식당에서 일하면서 사람들하고 이야기할 정도가 됐죠. 텔레비전 보면서도 배우고 사람들한테도 배우고, 특히 한국 노래 들으면서 많이 배웠습니다. 원래 노래 부르는 걸 좋아하는데 그 식당에 노래방 기계가 있었어요. 손님이 없는 시간대에는 원하는 만큼 실컷 노래를 불렀죠. 그렇게 2~3년 지나니 한국말이 자연스러워졌습니다. 어떤 사람들은 그냥 한국 사람인 줄 알기도 했습니다. 그즈음 KBS에서 외국인 노래자랑이 열렸는데 친구들이 나가보라고 해서 출전했다가 대상 받았습니다. 하하하.

　사람들도 좋고 많이 힘들지는 않았지만 식당일은 주

말에 쉴 수가 없어요. 공장에서 일하는 친구들은 다 주말에 쉬니까 만날 수가 없었죠. 그래서 식당을 그만두고 공장일을 시작했어요. 여전히 미등록 노동자였고 불법체류자였지만 작은 공장의 사장님들이야 아무래도 월급을 덜 주어도 되니 채용을 하죠. 동대문 봉제 공장에서 기술을 배우며 8년 정도 일했습니다. 한국에 온 지 10년쯤 되던 해 친구랑 동업을 시작했습니다. 그동안 모은 돈으로 작은 공장을 운영했는데 신용을 얻어 돈도 꽤 벌었습니다.

  어느 날 민가협*에서 1년에 한 번 노래 대회를 하는데 참여해 보지 않겠냐는 제안을 해왔어요. 네팔 노래를 불러달라고 했는데 생각해 보니 한국 사람들이 못 알아들을 거 같아 그냥 한국 노래를 부르겠다고 했지요. 운 좋게도 대상을 받았습니다. 그때 대상 받은 사람에게 주는 상이 홍세화 선생님과 빠리에 가는 거였는데 당연히 저는 못 갔죠. 불법체류자 신분이었으니까요. 대신 제주도에 갔습니다. 이후로 여기저기서 노래 불러달라는 요청이 오면 마다않고 달려가서 노래를 불렀습니다. 공장일도 잘되고 조그마한 방도 얻고 나름 잘 지내던 시절이었

---

\* 민주화실천가족운동협의회.

습니다.

  그런데 2003년에 한국 정부가 4년 이상 산 외국인을 추방한다는 결정을 내렸습니다. 저는 10년 이상 살았으니 당연히 추방당해야 하는 사람이었죠. 그때 참 이상한 기분이 들었어요. 10년 동안 일 열심히 하면서 한국에 살았는데, 여름에 물난리 나면 수재 의연금도 내고 겨울에 불우이웃돕기도 하며 살았는데, 난 이 사회 사람이 아니구나, 이런저런 요구도 하지 않고 주어진 일 열심히 하며 애쓰고 살았는데 떠나라고 하면 떠나야 하는 이방인이구나, 완벽한 아웃사이더구나, 뭐 그럼 복잡한 심경이었어요.

  무조건적인 추방 정책에 맞서 시민단체들이 농성을 한다는 걸 알게 됐습니다. 추방이 최선이 아니라 이주노동자들을 위한 제도 개선을 먼저 해야 한다는 주장을 하는 한국 사람들을 만나게 됐습니다. 난 시위 같은 건 잘 몰랐지요. 사실 그전까진 나만 잘하면 되지 하는 생각을 갖고 있었습니다. 그런데 내가 아무리 열심히 살고 성실히 살아도 안 되는 게 있구나 하는 걸 느끼게 된 거 같아요, 추방 소식을 들으면서.

  농성 과정에서 11명이 죽었어요. 처음엔 어떤 매스컴

에도 안 나왔는데 스리랑카 사람이 전동차에 몸을 던져 죽는 사건이 일어나자 방송이 됐죠. 우리가 한 농성이 방송에 나간 건 그날이 처음이자 마지막이었습니다. 시청 옆 성당에서 농성을 하고 있으면 방송국에서 와서 찍어는 가는데 도대체 방송에는 안 나오는 거예요. 우리는 우리가 무엇을 이야기하는지 한국 사람들도 알아야 한다고 생각했는데 미디어가 그 역할을 안 해주더라구요. 내가 직접 카메라를 잡아야겠다, 는 생각을 했습니다. 이주노동자들이 한국 사회를 혼란스럽게 하는 게 아니라 함께 살자는 제안을 하는 거다, 이주노동자들과 더불어 잘 살 수 있다면 한국 사회도 훨씬 좋아지는 거다, 아시아 사람들에게 좋은 평가를 받는다면 한국의 위상도 높아질 거다, 라는 이야기를 하고 싶었어요. 일부 친구들이 직접 카메라를 들고, 나는 네팔, 버마 친구들과 밴드를 만들었습니다. 시민단체 분들이 돈을 조금씩 모아주시고 우리를 지지하셨던 분이 스튜디오도 하루 빌려주셔서 음반도 낼 수 있었습니다. '친구여 잘 가시오'란 앨범인데 감시가 무서워 죽은 친구를 위해 만든 노래가 그 안에 들어있습니다.

  저희 밴드 이름은 스탑크랙다운이었습니다. '강제 추방 중단'이란 뜻이죠. 밴드 활동은 아주 재밌었어요. 1집을 내고 전국을 돌아다니면서 공연도 하고 모금도 해서 2집도 냈죠. 그 앨범에 '월급날'이란 노래가 있어요. 이주노동자들의 가장 큰 문제가 월급인데 그 내용으로 노래를 만든 거죠. 밴드 활동을 하면서 깨달았습니다. 문화적인 방식으로 이야기하는 것이 정말 필요하다. 이주노동자가 한국에 와서 배우는 게 소주, 노래방 문화 이런 거만 배워요. 더 좋은 게 얼마든지 많은데 접근할 수 있는 길이 없어요.

노래도 좋아했지만 사실 저는 노래보다 미디어를 더 좋아했어요. 촬영하고 편집하고 그런 거. 그래서 이주노동자를 위한 미디어 운동을 했어요. 한국 사회에 이주노동자의 모습을 알리는 역할을 하고 싶었어요. 50년 후면 한국도 다문화 사회가 될 텐데 미리 연습해 둬야죠. 다양한 사람이 앞으로 한국인이 될 건데. 싫어도 어쩔 수 없는 상황이 만들어질 거라는 거죠.

이런 일을 하다 보니 공장일은 접게 됐어요. 시민단체에서 일하기도 하고 이주노동자 방송국을 만들기도 하고 바빴죠. 그러다 체포되었습니다. 사실 도망갈 수도 있었는데 피하고 싶지 않았습니다. 한국 사회에 외국인 장기 체류자에 대한 이야기를 하고 싶었습니다. 18년을 살았어도 추방당해야만 하는 현실에 대해 이야기하고 싶었어요. 그래서 결정을 한 거죠. 추방당하자. 근데 추방이란 게, 당사자가 아니면 그 느낌을 몰라요. 난, 추방당한 사람입니다.

추방당하기 전 얼마 동안 후암동에 살았는데 왜 그렇게 행복했는지 모르겠어요. 미등록 불법체류 노동자에 도망자였지만 마음은 늘 평화로웠어요. 부처가 인도에서 해탈했듯이 저는 한국에서 어떤 깨달음을 얻은 거 같아요. 생각지도 않은 삶을 살게 되었지만 그게 인생이라는 걸 알게 된 거죠.

후회하진 않습니다. 준비 없이 네팔에 오게 됐지만 또 어떻게든 살겠죠. 도전 정신만 있다면 헛되지 않은 삶을 살 수 있다고 믿어요. 지금은 좀 영화 같아요. 20년 만에 돌아온 네팔. 시간 여행을 한 거 같다고나 할까요. 무중력의 상태에 있는 느낌이지만 조만간 땅에 발이 닿겠죠."

---

미누가 한국에서 추방당한 뒤 〈안녕, 미누〉라는 다큐멘터리가 만들어졌다. 지혜원 감독의 다큐멘터리 영화로 제10회 DMZ국제다큐멘터리 영화제 개막작이었다. 지혜원 감독은 한 인터뷰에서 이런 말을 했다.

"사람이 태어나 활동할 수 있는 에너지의 총량이 있다면 (그는) 본인의 90퍼센트를 한국에 쏟고 간 사람이다. 그가 할 일도, 친구도 모두 한국에 있었다."

〈안녕, 미누〉가 영화제 개막작으로 선정돼 미누에게 2박 3일의 체류가 허락됐다. 마지막 방문이었다. 네팔로 돌아가고 얼마 지나지 않아 심장마비로, 미누 드 목탄은 세상을 떠났다. 이런 사람이 우리 옆에 살았는데, 그럼 우리는 누구랑 살아야 하나. 대체 어떤 조건을 충족시켜야 같이 살 수 있을까. 감독이 질문했다.

## 굿 바이 반 레

그는 내 인생에서 만난 가장 아름다운 인간이었다. 그토록 강인하면서도 그토록 따뜻하고, 그토록 진지하면서도 그토록 유머러스한 인간을 나는 본 적이 없다. 반 레와의 만남은 놀라움이었고, 그와 함께했던 지난 20여 년은 내 인생의 가장 큰 행운이었다. 그는 멀리 있었고, 자주 만날 수 없었지만 내 존재의 근거가 되어 주었다. 세상에 실망하고, 사람들에게 상처 입고, 나 자신이 싫어질 때 그가 이 지상에서 함께 숨 쉬고 있다는 것을 생각하면 용기가 생겼다. 하지만 이제 시장통에서 산 해먹을 가로수에 걸고 매는 방법을 가르쳐주던 그의 손을 다시는 잡아보지 못하게 되었다. 서재 앞 발코니에 매달린 해먹을 바라보는 내 눈에서 자꾸만 흘러내리는 이 눈물이 얼마나 이기적인 것인지 나는 안다. 누구로도 대체할 수 없는 그를 잃어버린 두려움으로 나는 울고 있는 것이다.

― 방현석(소설가)

---

"야, 너 우냐, 울어? 왜 울어 김현아?"

맥주 두어 잔을 걸친 수정의 통역은 무르익을 대로 무르익은 듯 보였다. 평소와 다르게 잠깐의 고민도 없이 그녀는 반 레의 말을 실시간으로 유려하게 통쾌하게 통역했다. 평소 때는 종종, 아 이 말은 베트남어로는 너무 아름다운데 한국어에는 없어, 라거나 이 단어는 이중의 뜻을 담고 있는데 두 가지를 동시에 전하는 말이 한국어엔 없어, 라며 아쉬워하곤 했는데 그날은 그의 말이 끝남과 동시에 기다렸다는 듯 시원시원하게 통역을 하고 있었다. 까무잡잡한 피부가 반짝반짝 빛나고 눈꼬리에 웃음을 매단 반 레의 베트남어 역시 6성조를 마음껏 넘나들며 리듬을 타고 있었다. 그녀가 전하는 그의 문장은 견결하면서도 우아하고 격조 높으면서도 먹먹했다.

눈물이 콧등을 타고 인중을 거쳐 입술에 매달려 있다

가 투두둑 노트로 떨어지고 있었다. 글자들이 번졌다. 핸드폰 따위 없던 시절, 나는 미니 녹음기를 켜 두었지만 혹시나 하는 마음에 모든 이야기를 기록하고 있었다. 그러니까 그 술자리에서 술을 마시지 않은 사람은 나 혼자였다. 나는 기록자였고 단 한 마디의 말도 놓치고 싶지 않아 펜을 붙들고 빠르게 대화를 받아 적어나가고 있었다. 눈물이 흐르는 걸 알았지만 손수건을 꺼내 닦을 염도 없이 반 레의 이야기를, 수정의 통역을 따라가고 있었다.

"야아, 김현아 그 독한 이야기 들으면서도 눈물 한 방울 안 흘리더니, 우냐?"

"그러게요, 김현아가 울면 안 되지. 울지 마요오."

취기가 오른 창과 홍이 놀리고 술을 잘 안 마시는 은마저 이미 서너 잔 마신 얼굴로 나를 바라보았다.

"천하의 시니컬한 김현아를 반 레 선생이 울리네. 이 글자 알아보겠냐, 나중에."

수정이 어쩐지 신이 난 목소리로 내 노트를 들여다보며 깔깔댔다. 이 광경을 지켜보던 반 레가 팔을 뻗어 내게 술잔을 건넸다.

한 달간의 베트남 답사를 마친 마지막 날이었다. 한국으로 가는 비행기는 새벽 1시였으므로 11시까지만 사이

공 공항에 가면 됐다. 반 레와 마지막 저녁을 함께 먹기로 했다. 5시쯤 예의 짙은 올리브그린 셔츠를 입은 반 레가 노오란 망고를 한 바구니 실은 오토바이를 타고 수정의 집에 도착했다. 반 레가 가져오는 망고는 베트남에서 먹어본 망고 중에, 아니 세상에서 먹어본 망고 중에 가장 맛있었다. 입안을 가득 채우는 달콤함과 과육의 부드러움, 열대 과일의 풍미를 진정 제대로 느낄 수 있었다. 베트남의 곳곳을 다니며 망고를 맛보았지만 반 레가 가져오는 망고를 따를 자가 없었다. 반 레의 망고는 완벽, 했다.

  수정과 은과 나는 한 달 동안 베트남 전쟁 당시 한국군에 의한 민간인 학살 지역을 답사하고 있었다. 영화감독이자 작가이자 시인인 반 레는 한국의 젊은 사람들이 자신들의 과거를 추적하는 이야기를 수정을 중심에 두고 다큐멘터리로 찍는 중이었다. 하여 우리는 한 달간의 일정 중에 2주를 그의 팀과 함께 베트남 중부를 다니게 되었고 여러 우여곡절을 함께 겪었다. 그 과정에서 간간이 수정으로부터 그에 관한 이야기를 들을 수 있었다. 살아남은 자의 슬픔, 그의 생은 오롯이 그것이었다.

  물론 나는 알고 있다. 많은 친구들이 죽었는데

나만 살아남은 것은 단지 운이 좋았기 때문인 것을.
지난 밤 꿈속에서
이 친구들이 나에 대하여 이야기하는 소리를 들었다.
"강한 자는 살아남는다."
그러자 나는 내 자신이 미워졌다.

　베르히트의 시 「살아남은 자의 슬픔」이 종종 떠올랐다. 반 레는 그의 본명이 아니다. 죽은 친구의 이름이다, 시인이 되고 싶었던. 반 레가 시인이 되었을 때 그는 자신의 이름 '레 지 투이'를 버리고 친구의 이름을 썼다. 그 친구가 이름 속에서 영원히 살기를, 자신이 시를 쓰는 것은 그 친구의 바람을 실현하기 위해서일 뿐이라고, 반 레가 되기로 한 반 레는 생각한 것이다.
　베트남에서 일어났던 전쟁은 20세기 가장 참혹한 사건 중의 하나였다. 미국은 "베트남을 석기시대로 되돌려 놓겠다."고 공언했고, 그 말을 실현하기 위해 2차 대전 당시 연합국이 전체적으로 사용했던 6백만 톤보다 1.5배나 많은 9백만 톤의 폭탄을 베트남 땅에 퍼부었다. 그야말로 전 국토가 초토화되었다. 숲은 불타고 땅은 황폐해졌으며 수많은 사람들이 죽었다. 부모도 형제도 사촌도 오촌도 육촌도 팔촌도 먼 이웃도 가까운 이웃도 죽었다. 소와 닭과 오리와 거위와 염소도 죽었다. 반 레도 이 '항미전쟁'에 참전했다. 열일곱 살이 되던 해.

어머니는 내게 우는 걸 가르쳐 줬고 아버지는 나에게 고개 숙이지 않는 법을 가르치셨죠. 내가 군대를 가기 전에 아버지는 나에게 삼국지에 나오는 시를 보내 줬어요. '전쟁이 난 조국의 젊은 아들은 칼을 들어야 한다.' 어머니는 나에게 말씀하셨죠. 너는 반드시 두려움을 알아라. 두려움을 모르는 건 참으로 끔찍한 일이다.

1965년부터 1975년까지 10년 동안 아시아의 가난한 나라 베트남은 세계 최강국 미국과 맞서 싸웠다. 온갖 최신 무기와 첨단 병기로 무장한 미국을 베트남 사람들은 몸, 으로 맞섰다. 살이 터지고 피가 흐르고 뼈가 부러졌다. 이가 으스러지고 심장이 파열되고 머리통이 갈라졌다.

한 부대가 폭격 속에 갇혀 있었죠. 상부에서 그 부대를 지원하라는 명령이 떨어졌습니다. 우리 부대가 그 부대를 찾아가는데 폭탄이 비 오듯 쏟아졌어요. 엎드렸다가 일어나 보니 숲이 사라졌어요 눈 앞에서. 미국과의 전쟁

때는 숲뿐만 아니라 인간 내면의 문화가 사라져 갔어요. 전쟁 속에서 너무나 많은 사람이 사라져 갔습니다. 숲이 사라져 갔던 것처럼. 사람들은 더 이상 죽어가는 것을 안타깝게 바라보지 않았습니다. 인간 내면에 갖고 있던 문화성의 뿌리가 송두리째 사라지는 것이 전쟁입니다.

베트남은 미국을 상대로 한 전쟁에서 '승리'했다. 놀라운 일이었다. 작고 보잘것없는 아시아의 작은 나라가 세계 최강대국 미국을 자신의 땅에서 물러나게 한 것이다. 드높은 환호와 축배 따위는 없었다. 승리는 국가의 기억일 뿐, 개인에게 남은 건 슬픔 혹은 복구되어질 수 없는 상처뿐이었다.

쯩선산맥을 따라 북에서 남으로 올 때 300명이 넘었어요. 그중에 다섯만이 살아남았죠. 그 안에 내가 있습니다. 스스로도 알 수 없는 건 그 모든 것으로부터 내가 어떻게 살아남았는지, 어떻게 죽음을 피해 달아날 수 있었는지 하는 것입니다. 그걸 행운이라고 말할 수 있을까요. 앞으로 우리가 시를 쓰게 될지, 영화를 만들게 될지 알 수 없었던 그 시절, 미래의 시인도 영화감독도 다 죽었습니다. 가장 총명한 사람들은 그때 당시에 다 사라졌죠. 나는 전쟁에 빚지고 있습니다. 나는 병사였고 그 전쟁에서 수백만의 사람들이 죽었습니다. 그 전쟁에 대해 말해야 한다고 늘 생각합니다. 전쟁을 그려내고 말하는 것이 나를 인간으로 만드는 길이라고 말이죠.

반 레의 몸속에는 반 레만 있는 게 아니었다. 그의 몸속에는 죽어간 사람들, 그들의 기억과 그들의 웃음과 그들의 비밀이 함께 살고 있었다. 그들이 반 레가 되기도 하고 반 레가 그들이 되기도 했다.

부상을 당하면 후방으로 이송을 했습니다. 모두가 내가 하겠다고 나서지요. 너무너무 배가 고프니까, 가는 중간에 이 사람이 죽으면 그의 밥을 먹을 수 있으니까. 전쟁은 그만큼 참혹한 것입니다. 전쟁 때는 늘 먹을 게 없었어요. 우리가 밥을 먹고 있으면 꼬마들이 우리가 밥 먹는 걸 쳐다보았습니다. 당시는 인민들이 총을 들고 싸우는 사람에게만 밥을 주고 자기 애기들한테는 감자 같은 것을 주었거든요. 애들이 뭘 알겠어요. 전사들이 밥 먹는 걸 말끄러미 보고 있으면 그 기분은 참…. 그럼에도 불구하고 우리는 그 밥을 먹을 수밖에 없었습니다. 그리고 녀석들한테 소리를 지르지요. 저리 가지 못해 이 녀석들 쳐다보지 마. 내 친구가 죽기 전에 그러더군요. 네가 살아남는다면 아이들한테 미안하다고 전해달라고. 이 새끼야 쳐다보지 마, 라고 얘기했던 거, 정말 미안했다고. 전쟁은, 그런 것입니다.

 내가 그를 만난 건 베트남에서 전쟁이 끝나고 25년이나 흐른 후였다. 잊자고 들면 잊을 수도 있는 세월, 같은 것도 있을까. 화염과 시체, 불안과 긴장, 배고픔. 그는 여전히 그곳에 머물고 있었다. 돌이켜 보면 스스로 그곳에서 나오지 않았는지도 모르겠다.

 전투 중에도 쌀로 술을 빚어서 먹었어요. 전장에서 싸우고 돌아오면 술이 아주 조금 남아있어요. 그러면 물을 타서 마시면서 우리는 이렇게 얘기했죠. 올해 우리 인민들의 수확이 참 적어요. 술 같지도 않은 술을 마시면서 우리는 취해서 노래하고 춤추고 했죠. 그날들엔 그랬어요. 싸우러 나가서 많은 사람이 죽고도 돌아와서 노래를 부를 수 있었죠. 전투를 하러 나갔다 돌아올 때 청년선봉대원들이 땅을 파고 있어요. 이 전투에서 죽은 사람들을 묻기 위해. 깊게 파세요 깊게 파세요 얕게 파면 내가 벌떡 일어나서 소리칠 테니까. 내일이고 모레고 우리 역시 그곳에 묻힐 것이었지만 우리는 웃으며 그런 말을 하곤 했습니다. 보통 한 번 나가면 대여섯 명씩 죽었죠. 구정 대공세 때는 아.무.도.돌.아.오.지.않.은. 부대가 많았습니다.

그대 아직 살아있다면. 반 레의 모오든 명제는 그것으로 귀결되었다. 이승과 저승 사이의 강에서 노를 저으며, 그대 아직 살아있다면. 마음은 이미 죽은 사람, 베트남에는 그런 사람이 많았고 많았다.

나는 인간의 운명을 아직 보지 못했습니다. 추한 것과 아름다운 것의 투쟁, 이 과정에서 아름다운 부분으로 가깝게 가기 위해 기여하는 것. 그것이 인간의 운명이 아닐까요.

나는 반 레를 통해 베트남이라는 나라의 문화적 토양(그 깊고 풍부한)을 알게 되었고 근사하고 품위 있는 아시아 작가의 얼굴을 만날 수 있었다. 가장 참혹하고 혹독한 상황에서도 인간으로서의 품격을 잃지 않고 살아간다는 것이 어떤 것인지, 아프게 바라볼 수 있었다. 그날 나는 반 레에게 나쁜 질문을 했다. 당신은 어떻게 살아남았죠? 어떻게 살아남을 수 있었죠? 내 질문을 담담히 듣던 반 레, 그 온후하고 다정한 얼굴.

수정에게 반 레의 부고를 받았다. 어쩐지 한 시절이 끝난 거 같은 쓸쓸함이, 그의 전쟁이 비로소 끝났겠구나 모호한 안도가 밀려들어 나른해졌다.

굿 바이, 반 레. 아름다운 사람.

나는 아주 슬플 때 일해요
무구한 행복이란 없다고 생각하지요
하나를 얻으면 하나를 잃죠
사랑을 잃고 나는 씁니다.

―반 레

반 레의 은유와 해학을 살리지 못했다. 순정하고 강건한 사회주의자 반 레의 유쾌하고 기품 있는 농담, 관계를 유연하고 말랑하게 만들던, 여유와 여백.

# 5장

# 지구의 친구들

❀

## 생명의 얼굴

 룩이 프리다이빙을 시작했다고 한다. "제 인생 버킷리스트 중의 하나가 대왕고래와 함께 수영하는 거거든요. 프리다이빙을 하면 가능하대요." 살짝 흥분과 설렘이 묻어나는 얼굴이 쌩쌩하고 빛난다. 내일이라도 태평양 어느 바다에서 대왕고래와 나란히 유영하는 룩이 떠오를 정도다. 그 다음 주에 룩이 사진을 보내왔다. 잠수 훈련을 하는 장면이었는데 물속 카페에 앉아있는 느낌이었다.
 나도 바다에 들어간 적이 있다. 공기통을 메고 납을 달고 오리발을 끼고 호흡기를 하고 수심 20미터를 내려가기까지는 많은 훈련과 비용이 필요하다. 능수능란하게 수영을 하지도, 바다에서 노는 걸 그리 좋아하지도 않으면서 굳이 스킨스쿠버를 시작한 건, 사람이 주인이지 않은 곳에 가보고 싶어서였다.

  멀미가 났다 그즈음. 일을 하러 집 밖으로 나가면 숨이 잘 안 쉬어져서 쭈그리고 앉아 호흡을 가다듬곤 했다. 이십 대 중반이었고 20세기 말이었다. 아무 문제도, 없었다. 나날이 문명은 번성했고 나는 조선시대 왕보다 잘 먹었으며 원하면 세상 어디든 갈 수 있었다. 썩기 직전의 사과에서 나는 최고로 달콤한 향이 시나브로 콧속을 가득 채웠다. 인간종이 다다를 수 있는 임계치에 다가가고 있는 느낌이었다. 나무들은 무참하게 베어졌고 야생의 동물들은 포획되었으며 다섯 걸음에 하나씩 치킨집이 자리했다. 저 수많은 닭이 도대체 어디에서 오는지 아무도 묻지 않았다. 세상의 주인은 마음껏 인간이었다. 그 서슬 푸른 오만함에, 그 끈끈한 욕망에 사로잡히고 싶지 않았다. 포로는 절대 되어서는 안 된다고, 포로로 잡힌 호랑이를 보며 생각했다. 포로란, 설령 사랑의 포로라 하더라도 되어선 안 된다. 인간이 주인이지 않은 곳에 가야겠다, 고 마음을 정했다.

  깊은 수심이 주는 공포와 두려움을 극복해야 갈 수 있는 곳이었다 바다 밑은. 수영장에서의 훈련을 끝내고

'오픈 워터'를 하기 위해 속초로 갔다. 바다나 호수에서의 첫 잠수를 그렇게 불렀다. 날이 흐렸고 빗방울도 떨어졌지만 선생님도, 함께 간 경력자들도 개의치 않았다. 스킨스쿠버는 버디로 진행한다. 철저하게 두 사람이 함께 움직인다. 만약의 사고에 대비해서다.

  황량했다. 빛이 들지 않는 바다 밑은 황폐하고 쓸쓸하기 그지없었다, 라고 느낀 건 정신을 차리고 나서다. 처음 들어가 보는 바다 밑에서 나는 몸도 제대로 못 가누고 허우적거렸다. 후욱 후우욱, 내 숨소리가 우주의 전부인 것처럼 밀려 들려왔다. 아아, 이토록 생생한 호흡이라니. 나는 숨이었다. 오직 숨, 이었다. 누군가 내 팔을 잡았다. 선생님이었다. 몸이 비로소 평형을 이루며 오리발을 움직일 수 있게 되었다. 선생님이 내 눈을 들여다보며 괜찮냐는 수신호를 보냈다. 후욱 후욱 후욱, 괜찮고 싶다고 하는 사인은 없었다. 선생님은 내 손을 잡고 나란히 나아갔다. 빌어먹을, 눈물이 났다. 그가 잡아주는 손이 너무 따뜻해서 너무 고마워서. 인간이 싫어 여기에 왔는데 인간이 내미는 손을 잡고서야 마음이 안정되다니. 아아, 빌어먹을 육상 생물의 몸이라니.

  물풀들만 휘늑였다. 미역 다발 같은 해초들이 무리 지어 머리를 풀고 춤을 추는 바닷속은 낯선 행성 같았다. 선생님은 이것저것을 가리켰지만 제대로 보이지 않았다. 첫 잠수는 그렇게 끝났다. 정신이 없었지만 강렬했다.

　그해 여름 제주도에서 일주일을 보냈다. 오전에 한 번 잠수를 했다. 해안 다이빙도 하고 보트 다이빙도 했다. 몸이 편안해지자 비로소 바다 밑 세계가 눈에 들어왔다. 놀라웠다. 멸치들이 떼를 이루어 군무를 추듯 움직이고 물고기들이 날렵하게 오고 갔다. 설악산에 그대로 물을 부어놓은 듯한 지형이 있는가 하면 산호 군락이 화려하게 자리를 잡은 곳도 있었다. 정면을 보며 헤엄치다가 몸을 뒤집으면 햇빛이 환하게 수면에 비쳤다. 황홀해서 가슴이 뛰었다. 몇 천만 년 동안 물풀들이 해안에 가 닿으려고 노력했던 이유를 알 거 같았다. 빛을 향한 사랑, 멈출 수 없는 그 유혹, 지독하고 찬란한 유혹.

　아가미를 버린 것은 얼마나 멍청한 짓인가. 자유롭게 유영하는 물고기들을 보면 공기통을 메고 호흡기를 달고 오리발을 끼고 다니는 내가 비루하다는 생각이 절로 든다. 비로소 인간이 주인이지 않은 곳에 왔음을 실감한다. 노란 줄무늬 물고기가 내 눈 바로 앞까지 와서 맹렬히 쳐다본다. 호기심으로 가득한 얼굴이다. 맙소사, 물고기에도 표정이 있다. 무심한 표정으로 지나가는 물고기가 있고 한심하다는 듯이 바라보는 물고기가 있고 째

려보며 지나가는 물고기가 있다. 내 눈을 정면으로 바라보는 이 물고기는 어쩌면 세상 물정 모르는 아이일지도. 그렇지 않고서야 이토록 거칠 것 없이, 두려움 없이 바라볼 수가 있을까. 눈만 내놓고 동태를 살피는 녀석들도 수두룩하다. 보이는 것의 만 배쯤 되는 녀석들이 보이지 않는 곳에 있다는 것도 감지된다.

  그들이 주인이고 나는 객이었다. 그 느낌은 분명하고도 선연했다. 그들의 세계에 잠시 떠돌 뿐, 결코 장악하거나 소유하지 못하는 세상이 있다는 것만으로 마음이 충만해졌다. 아가미도 지느러미도 비늘도 없는 남루한 존재여서 마음이 온순해졌다. 할 수 있는 것이 별로 없어서 마음이 단아해졌다. 재빠르고 능동적이고 기민한 것들 사이에서 느리고 둔하고 멀뚱해졌다. 한심해서, 개운했다. 바다에서 올라와 납을 벗고 다이빙슈트를 벗으면 몸도 가벼웠지만 어쩐지 속이 구만리장천으로 통쾌했다. 쭉 벋은 두 다리가 새삼스러웠다. 그 후로도 몇 년 발리나 푸켓의 바다 밑을 떠다녔다. '인간이 주인이 아닌 곳에서 인간은 아름다웠다.' 바다 밑 24미터까지 내려간 날 잠수일지에 적었다.

  모오든 생명의 얼굴은 풍부하고 다채롭고 경이롭다.

다른 종의 표정을 읽을 줄 아는 사람들의 이야기는 언제나 흥미진진하다. 바버라 매클린톡은 옥수수의 표정을 읽어 노벨상을 받았고, 호프 자런은 나무의 표정을 살펴 《랩걸》이라는 멋진 책을 썼고, 최재천은 개미의 표정을 확대하여 우리를 그들의 세계로 안내한다. 김상욱은 원자의 표정을 읽어 우주의 떨림과 울림을 나와 공명하게 한다.

다른 종의 표정을 섬세하게 읽을 줄 안다면 알게 될 것이다. 별주부의 등에 탄 토끼가 바닷속에서 어떻게 숨을 쉬며 용왕을 만나러 갔는지, 인어공주의 아가미는 어디에 있었는지, 인당수에 몸을 던진 심청은 어떻게 용궁에서 어머니를 만났는지, 그 비밀을 알게 된다면 어쩌면 인류에게 미래는 그리 암울하지 않을지도 모른다.

"멸치에게도 표정이 있어요."

내 말에 그가 웃었다. 으하하 정말이라니까요, 더 크게 으하하하하하 웃었다. 아마도 내일 밥상 위에 올라온 멸치의 얼굴을 유심히 바라볼 것이다, 그는.

## 문어공주
## 이야기

　즐겨 듣는 팟캐스트에서 추석 연휴에 볼 만한 영화를 소개했다. 6부작 8부작으로 하는 넷플릭스 오리지널 드라마 따위를 소개하는 중에 〈나의 문어 선생님〉이라는 다큐멘터리가 귀에 들어왔다. 나의 문어 선생님, 이라니. 이 신박한 제목은 뭐지 하는데 진행자가 마구 웃으며 '문어와 사람이 교감을 한다구요 으하하하 말도 안 돼', 어찌구 떠들어 댔다. 혀가 짧은 평론가가 고군분투 설명하면 할수록 〈나의 문어 선생님〉은 어쩐지 점점 난감해졌다. 결정했다. 이번 추석에는 〈나의 문어 선생님〉을 봐야지.

〈나의 문어 선생님〉은 다큐멘터리 감독의 자기 이야기로 시작되었다. 장기간 외국에서 촬영을 하며 지내던 감독은 몸도 마음도 지친 상태에서 유년기를 보냈던 바다로 돌아온다. 아프리카 나미비아에서 사냥을 하며 살아가는 원주민을 촬영했던 기억을 떠올리며 자연과 교감을 하는 자들이 갖는 생명력 같은 것을 자신도 느껴보고 싶다고 생각한 감독은 바다로 들어간다. 오리발과 수경만 끼고. 바닷속은 다시마숲이었다. 다시마들이 울렁울렁 파도를 타며 흔들렸다. 나무들이 바람에 흔들리듯.

안다, 저 느낌. 비금도 부근에서 보트 다이빙을 할 때, 날이 맑아 바닷속도 투명하게 선명하던 그날. 맙소사, 설악산에 물을 부으면 딱 이 풍경일 거야, 잠수하는 내내 경탄에 경탄을 하던. 바닷속에는 나무와 바위와 풀과 모래가 절경을 이루고 있었다. 은멸치 떼와 각종 줄무늬 물고기, 미역 따위 해초만 없었더라면 지상의 한 풍경이라 해도 믿을 수 있으리라. 《우리가 빛의 속도로 갈 수 없다면》이라는 소설집에는 우주 비행을 하루 앞둔 비행사가 사라지는 이야기가 나오는데 나중에 나중에 그이의 조카가 다시 우주비행사가 되어 이모가 결국은 바다로 갔으리라는 짐작을 하는 대목이 나온다. 그 소설을 읽으면서 '이 작가는 바다를 아는 사람인데'라는 생각을 했다. 바닷속은 또 다른 우주다. 모오든 익숙함 따위 한 번에, 진정 한 번에 와장창 부서져 내리는.

매일 바닷속을 유영하던 감독은 어느 날 문어를 발견한다. 다음 날도 그다음 날도 감독은 그 문어를 만난다. 그가 그녀를 'She'라고 불렀으므로 나도 그녀라고 부르겠다. 그녀는 조개껍질 따위를 자기 몸에 붙여 방어하기도 하고 날쌔게 달아나 버리기도 하고 사냥을 하기도 한다. 감독은 그녀를 관찰하기로 했다. 매일매일 나타나는 그를 지켜보던 그녀는 언제부터인가 경계심을 살짝 풀고 카메라에 가까이 다가오거나 슬쩍 건드려 보기도 한다. 어느 날은 감독이 내미는 손에 자신의 손을 맙소사, 마주 댄다. 헐, 어떻게 저게 가능해. 함께 영화를 보던 친구에게 나는 흥분해서 소리쳤다. 아마 이쯤에서 당신은 여러 가지 생각이 들 것이다. '그 문어가 그 문어인지 어떻게 알아?'부터 '혹시 조작한 거 아냐' 등등. 나도 그랬다. 그 장면을 만나기 전까지….

그녀는 여덟 개의 팔과 이천 개의 손을 갖고 있다. 우리가 흔히 문어 다리라고 하는 것이 팔의 역할을 하고 빨판이 손에 해당한다고 내레이션으로 감독은 말했다. 어쨌거나 바닷속 생태계에서 문어에게 먹히는 것은 조개나 게 따위였고 문어를 먹는 것은 상어였다. 파자마상어라고 불리는 녀석들이 문어의 천적이었다. 탄탄한 줄무늬가 그려진 녀석들은 상어답게 사납고 인정사정 안 봐주게 생겼다. 요리조리 잘 피해 다니던 그녀는 그날 상어와 혈투를 벌이는데 이 장면을 찍던 감독은 결정적인 순간에 숨이 모자라 수면 위로 올라와야 했다. 파하, 후욱 후욱 숨을 쉬고 다시 바닷속으로 들어가 보니 상어가 그녀의 팔 한쪽을 뜯고 있었다. 피 냄새가 진동했다, 고 감독은 말했다. 문어에게도 피가 흐르는구나. 제사상에 올리느라 수십 번도 넘게 문어를 삶았지만 문어에게 피가 흐르는 건 몰랐는데. 피 냄새가 진동이라는 감독의 내레이션이 훅, 갈비뼈 사이로 들어왔다. 팔을 뜯으려는 상어와 뜯기지 않으려는 그녀 사이의 혈전은 치열하고 격렬했다. 결국 한쪽 팔을 뜯은 상어가 그걸 먹는 사이 그녀는 미친 듯이 도망쳐 굴속으로 들어갔다. 어떤 개입도 없이 촬영하긴 했지만 열두 번도 넘게 파자마상어를 밀치고 그녀를 구하고 싶은 감독의 마음이 전해졌다. 굴속으로 피신한 그녀를 감독은 매일 찾아간다. 한쪽 팔이 뜯겨져 나간 그녀는 아무 것도 먹지 않고 거의 일주일 동안 앓는다. 죽을지도 모른다는 생각에 감독은 자책과 자괴에 시달리는데, 짜잔, 일주일이 지나자 그 자리에 새로운 팔이 생기기 시작한다. 팔은 날마다 조금씩 자란다. 매일 병문안을 와준 감독과 그녀는 조금 더 친해져 어머나, 포옹도 한다.

  다큐는 그녀를 처음 만나 1년 동안 매일 관찰한 이야기로 짜여 있다. 문어는 개나 고양이 정도의 지능을 갖고 있다고 감독은 말했다. 코끼리를 관찰 연구하는 학자들은 코끼리가 얼마나 지능이 높은지 말한다. 개미를 연구 관찰하는 학자들은 개미들이 얼마나 치밀하고 섬세한 집단생활 능력자인지 말한다. 옥수수를 연구 관찰하는 연구자는 옥수수들이 얼마나 효율적으로 태양과 땅과 공기와 바람을 활용하여 자기 복제를 하는지 말한다. 어떤 생명체를 세심하고 오래 들여다본 사람들은 모두 그들이 얼마나 뛰어나고 훌륭한 능력을 지녔는지를 알리려고 애쓴다. 인간이 아닌 것들과도 '깊은' 교감이 가능하다는 것을 전하려고 노력한다. 개나 고양이라면, 영장류라면 포유류라면, 가능할 수도 있을 것 같은데 문어라니. 믿을 수 없을지 모르겠지만 문어와 감독은 우정을 나누었다, 놀랍게도.

  프렌드십Friendship의 확장이 어스십Earthship이다. 세상의 모오든 존재와 연결되어 있음을 알고 느끼고 실행하는 마음. 어스십은 어쓰플러스라는 단체의 친구들이 만든 근사한 말이다. 〈나의 문어 선생님〉의 감독은 어스십이 어디까지 확장될 수 있는지를 보여주었다.

그녀는 자연사한다. 수만 개의 알을 낳고 죽는다. 문어는 일생에 한 번만 알을 낳는다. 그 알들이 자라서 어른 문어가 될 확률은 아주 희박하다. 그러므로 한 번에 많은 알을 낳는다. 그녀의 죽음을 확인한 감독은 그러나 상실감에 휩싸이지는 않는다. 거대한 순환의 사이클 속에서 우리 모두가 더불어 살아가고 있음을 몸으로 알게 되었기 때문일 것이리라. 그녀가 죽고 나서도 감독은 여전히 바다를 유영한다, 아들과 함께, 그가 만든 바닷속 다시마숲 보호 단체의 회원들과 함께.

문어를 좋아한다. 지난달에도 다리 하나가 내 팔뚝만 한 문어를 받았다. 포항 죽도 시장에서 친구가 보내온 것이다. 다리가 얼마나 튼실한지 보기만 해도 기운이 났다. 졸깃한 식감과 풍미 또한 일품이었다. 아마 앞으로도 문어를 먹겠지. 그렇지만 예전과는 어쩐지 다르겠지. 바다의 현자라 불릴 만큼 영리한 존재(무척추동물 중 지능이 가장 높단다), 뇌뿐만 아니라 다리도 사고하는 기능이 있는, 수줍음과 장난기로 가득하고 호기심 또한 만발이라는 이들 역시 우리처럼 아프고 절망하고 사랑하고 환호하며 한 생을 살아내는 이 행성의 주민임을 자각하며 내 안으로 초대하겠지.

다큐를 보고 자리에 누웠는데 인어공주가 생각났다. 아직도 인어공주를 읽었던 그날이 생각난다. 여덟 살인가 아홉 살 때였으리라. 계몽사 전집 중 한 권이었던 안데르센 동화집에 수록된 그 글을 다 읽었을 때, 온몸에 힘이 다 풀어지며 울고 싶기도 하고 속절없이 막막하기도 하고 먹먹하기도 하던, 빛은 쨍쨍한데 어쩐지 한기가 들고 오슬오슬하던. 아마 생의 비의를 알아버린 날이었으리라. 가장 소중한 것을 바치고도 갖지 못하는 것이 이 세상에는 있다는 것. 부신 햇살을 맞으며 한참이나 마루 끝에 앉아있던, 그 조그마한 시공간은 지금도 선명한 기억으로 남아있다.

〈나의 문어 선생님〉과 인어공주가 겹쳤던 건 문득 인어공주와 왕자도 감독과 문어처럼 서로의 존재를 인정했더라면, 굳이 다리를 갖지 않고도 굳이 인간의 몸으로 변하지 않고도 교감하며 공감했더라면 가장 찬란한 순간에 바다 위 물방울이 되지 않을 수 있었을까, 라는 생각이 들어서였던 거 같다. 인어는 인어인 채로 사람은 사람인 채로 손바닥을 마주하는 이야기였더라면, 뭐 그랬더라도 상관없지 않나.

❈

## 양의 죽음을
## 목격하기로 해요

몽골에 가게 되었을 때 가장 걱정한 건 게르에서 잔다는 거였다. 울란바토르와 하라호름 이외의 지역, 다신칠링, 테를지, 흡수골에서는 게르에서 숙박할 예정이었다. 다큐멘터리 프로그램에서 본 게르는 어쩐지 퀴퀴하고 쑥쑥해 보였다. 먼지가 풀썩풀썩 나지 않을까, 비가 새지 않을까, 연통에서 그을음이 나오지 않을까, 마음이 심란했다. 기우였다. 게르 안은 놀라울 정도로 쾌적했다. 안온하고 포근하지만 초원의 소리와 습도와 움직임은 다 느껴졌다. 안과 밖의 경계는 분명하지만 동시에 무화되기도 했다. 감각이 다층적으로 열렸다. 집이라기

보다는 아아주 거대한 옷을 입은 느낌이었다. 청의 황제들이 베이징의 황금 궁전에 살다가도 여름이면 초원의 게르에서 머물렀다는 문장이 비로소 이해됐다. 야만의 습속을 버리지 못한 것이 아니라 야생의 감각이 푸릇푸릇 살아나는 초원이 그리웠던 게다.

  게르에서 생활하며 비로소 내가 얼마나 토착농경민의 삶에 물들어 있는지, 아니 그 방식밖에 모르는지도 알게 됐다. 게르는 조립식이다. 여름 목초지에서 겨울 목초지로 이동할 때 이들은 게르를 해체하여 싣고 가 그대로 다시 짓는다. 집을 늘리고 살림살이를 불려가는 건 정착해 사는 사람들의 욕망이었구나, 축적하고 증식하는 DNA가 없는 인류도 존재했구나. 어쩐지 마음이 가벼워졌다. 그러고 보니 유목민들이 문자 기록을 남기지 않은 것도 어찌 보면 당연한 일이겠다. 책은 얼마나 무겁고 부피가 큰 짐인가. 문자와는 다른 전승 방식을 사용하고 개발했을 이들의 이야기를 몽골에 오지 않았더라면, 게르에서 자지 않았더라면 몰랐으리라.

  로드스꼴라 학생들과 몽골에서의 첫 일주일을 다신칠링에서 보냈다. 푸른아시아\*가 2013년부터 진행하는 희

---

\* 기후 위기 대응 NGO 환경 단체.

망의 숲 프로젝트에 참여하여 나무 심는 작업을 했다. 몽골에는 나무 심는 문화가 없었다고 한다. 강수량과 고도에 따라 자연스럽게 초원과 스텝지역 사막지역 삼림지역이 나뉘고 사람들은 풀밭을 따라 양 떼를 방목하며 살았다. 국토의 80퍼센트 가량이 목초지로 사용할 수 있는 여건이라 유목을 하기에는 좋은 환경이었다. 기후 변화가 닥치기 전까지는. 최근 10년 사이 몽골은 급격하게 사막화되고 있다. 강 887개, 호수 연못 1166개, 시내 2096개가 사라지고 식물종의 70퍼센트가 멸종하는 상황이다. 유목을 할 수 없게 된 사람들은 도시로 가지만 일자리를 찾지 못하고 실직자가 되어 떠돌고 있다. 자동차도 에어컨도 냉장고도 사용하지 않고 어떻게 보자면 탄소 배출을 가장 적게 하며 살았던 사람들이 기후 위기의 최전선으로 내몰리고 있는 셈이다. 세계 평균 기온이 0.8도 오르는 동안 몽골의 평균 기온은 2.1에서 2.3도 올랐다고 한다.

  지구 온난화를 걱정하면서도 날이 더우면 에어컨을 켜고 황사가 심해지면 공기 청정기를 사고 장마가 이어지면 건조기로 빨래를 말리고 종종 비행기를 타고 쾌적한 곳으로 날아가 더위를 피할 수 있는 사람들은 기후 위기로 인해 삶이 위태로워지지 않는 사람들이다. 몽골에서 학생들은 환경 정의를 매우 잘 이해했다. 기후 위기로 인한 피해는 국가 간 경계를 넘어 국제적 연대와 공조가 필요하다는 생각에 모두 동의했다. 몽골의 초원이 사막화되는 건 몽골 사람들의 잘못이 아님에도 그 피해를 입는 건 유목민임을 현장에서 보면서 국가 안보를 넘어서는 인간 안보Human Security가 필요하다는 것에 공감했다. 한 걸음 더 나아가 인간 안보를 넘어 생명 안보Life Security의 감각이 필요한 시대라는 의견도 개진했다.

  다신칠링에서의 마지막 날은 마을 잔치를 열기로 했다. 로드스꼴라 학생들을 환대해 준 마을 주민들과 같이 놀았던 동네 친구들에게 감사의 마음을 전하고 싶어 준비한 행사다. 잔치를 위해 양을 한 마리 잡기로 했다. 몽골 사람들의 주식은 양고기다. 땅을 개간하여 농사를 짓는 생활을 하지 않기에 야채 구하기가 오히려 어렵다. 중국에서 야채를 수입하기 전까지 야채는 그야말로 귀한 식재료였다. 잔치 전날 나는 로드스꼴라 학생들에게 양이 죽는 과정을 '목격'하자고 제안했다. 한 생명이 어떻게 생을 마감하는지, 그 생명이 어떤 절차와 경로를 거쳐 내 몸으로 오는지 전 과정을 곰곰이 들여다보자고 했다. 학생들은 진지한 얼굴로 고개를 끄덕였다.

오전 작업을 마치고 식당 근처로 가자 양 한 마리가 나무에 묶여 있었다. 학생들이 풀을 주려고 가까이 가자 질겁을 하며 울었다. 무리에서 떨어져 나와 홀로 묶이는 순간부터 자신에게 닥칠 운명을 예감한 듯했다. 마을 주민이 양을 데리고 마당으로 왔다. 우리는 조용히 둘러섰다. 양을 죽이는 현장을 보는 건 나도 학생들도 처음이었다. 두 눈을 부릅뜨고 처음부터 끝까지 꼼꼼히 지켜보자고 했지만 사실 나는 눈을 감았다. 배가 보이게 눕힌 다음 칼로 가슴 부위를 째고 짼 부위에 손을 넣어서 대동맥을 꽉 움켜쥐면 즉사한다고 책에서 읽었다. 고통을 최소화하는 방법이라고 한다. 피를 한 방울도 땅에 흘리지 않는 건 땅을 신성하게 여겨서라고 하지만 그 피로 순대를 만들기 위해서이기도 하다. 양이 죽고 해체되는 과정은 오랜 시간이 걸렸다. 달궈진 돌과 함께 솥에 넣고 끓이는 시간은 더 오래 걸렸다. 허르헉\*이 완성되어 우리 앞에 도착했지만 학생들은 평소처럼 많이 먹지 못했다. 몽골 친구들이 웃으며 먹으라고 권했지만 다들 시늉만 했다.

양과 염소와 말과 개와 소와 낙타가 아주 오랜 세월

---

\* 양과 염소로 만드는 몽골의 전통 음식. 잔칫날이나 귀한 손님을 대접할 때 먹는다.

유목민들과 함께 살았던 것처럼 닭과 돼지와 소는 농경민족들에게 익숙한 동물이다. 돌이켜 보면 우리도 집에서 닭을 잡던 시절이 있었다. 키우던 닭이 밥상에 오르기 다반사였다. 닭의 목을 비튼 아버지도 어제까지 모이를 주던 어머니도 미안하고 고마운 마음으로 털을 뽑고 배를 가르고 했을 것이다. 공장식 축산이 없던 시절의 이야기다. 동물과 인간이 같은 마당을 쓰며 서로가 서로를 돌보며 살던 어떤 시절의 이야기다. 밥상에 오르는 것들이 한 시절 더없이 찬란한 생명이라는 걸 잘 알던 시절의.

 몽골에서 양은 양껏 산다. 별 문제 없이 대단한 근심 없이 양껏 초원을 누비며 사는 듯 보인다. 개는 당당하게 산다. 양을 몬다고 밥값을 한다고 기개가 대단하다. 말은 오오, 근사하다. 말을 탄 사람도 근사하다. 각자 있을 때보다 말을 타고 달릴 때 말도 사람도 두근, 가슴이 설렐 정도로 멋지다. 몽골의 초원에서 사람과 동물은 삶이 다할 때까지 서로 의존하고 돌보고 존중하며 살아왔다. 영감과 위로를 주고받으며 무심한 사랑으로 서로를 지켰다. 생명 연대의 감수성을 회복하는 건 어렵지 않을 것이다. 그렇게 살았던 시절이 그렇게 살지 않았던 시절보다 훨씬 길었다. 서로의 이름을 부르며.

## 대이야기의 시대

추석 명절에 동생네에 갔다. 열일곱, 열다섯 살 소년 조카들은 사춘기적 얼굴로 반가운 척을 감추고 아홉 살 조카만 오랜만에 보는 고모를 마음껏 반긴다. 코로나 덕에 반년 만에 본 아이들은 비온 뒤의 풀나무처럼 쑥쑥 자라 있다. 전도 먹고 송편도 먹고 과일도 먹고 퍼즐도 맞추다 배도 꺼트릴 겸 탄천을 걸었다.

"땅을 좀 사 두는 게 어떨까. 아무래도 기후 재난이 생각보다 빨리 올 거 같고 식량 위기가 금방 닥칠 거 같아."

"땅이 있다고 기후 위기를 피해 갈 수 있나."

"그래도 농사지을 땅이 좀 있는 게 낫지 않을까."

"그건 그렇지."

동생과 나누는 대화를 듣던 조카 윤이 말했다.

"기후 재난이 오면 식량 위기가 와요?"

"그렇지 않을까? 사실 기후 재난과 관련해서 가장 걱정되는 부분이야. 더구나 우리나라 식량 자급률은 20퍼센트도 안 되니까."

좀 더 설명을 하고 싶은데 윤이 불쑥 끼어든다.

"DNA 합성해서 식량을 만들면 되잖아요."

"뭐라고?"

"유전자 합성해서 먹을 수 있는 식량을 만들어 내면 되잖아요."

"유전자 조작을 함부로 하다간 우리가 어떻게 될지 모를걸. 먹는 게 곧 몸이 되잖아."

"근데요, 우리가 점심 때 먹은 것들도 다 유전자 조작한 것들이에요. 거봉도 그렇죠, 샤인머스켓도 그렇죠, 새송이버섯도 그렇죠. 그것들이 원래 그 모습이었던 게 아니라 다 유전자를 섞어서 다시 만든 거잖아요."

"얼, 듣고 보니 그렇네."

"그렇다니까요."

윤은 조금 신이 나서 본격적으로 자기 생각을 말하기

시작한다.

"신석기시대 인간이 먹던 걸 우리가 먹지는 않을걸요. 옥수수도 감자도 고구마도 다 유전자 조작이 된 거예요. 쌀도 그럴걸요."

"그렇지만 인위적으로 유전자를 마구 조작하다 보면 불길한 일이 닥치지 않을까. 크리스퍼 다큐멘터리 보면서 심란했잖아."

"마구 조작하는 사람은 없을걸요. 식량 위기가 와서 굶어 죽는 거보다는 기후와 상관없이 식량을 만들어 내는 게 나은 거 아니에요?"

대화는 본격적으로 크리스퍼, 유전자 가위 쪽으로 흘렀다. 형광 개를 꼭 만들어야 하느냐, 두 사람의 유전자가 아니라 세 사람의 유전자를 섞어서 배아를 만든다는 것은 부모가 세 명이란 얘기냐, 유전병이나 난치병을 낫게 하는 것은 좋은 일 아니냐, 우월한 유전자라는 것이 과연 있는 것이냐, 진화의 방향성이라는 것을 인간이 조작하는 것은 옳은 일이냐, 이야기는 꼬리에 꼬리를 물고 이어졌다. 열다섯 살 소년 조카는 이 모든 논쟁을 이해하고 자신의 의견을 피력해 나갔다. 유전자 합성이나 크리스퍼와 관련해서는 확실히 나보다 긍정적이었다. 우리들의 논쟁은 저녁 먹을 때까지 이어졌는데 어떤 결론도 나지 않았지만 어쩐지 나는 조금 안심이 됐다. 늙은 고모는 기후 재난이 와서 식량 위기가 오면 야차의 세월이 올 게 걱정되어 농사지을 땅 살 생각이나 하고 있는데 이 녀석은 식량을 만들어 낼 생각을 하고 있구나.

  문득 딸기밭 생각이 났다. 어린 시절 5월이면 온 가족이 딸기밭에 갔다. 실컷 따서 먹고 집으로 올 때도 한 바구니 가져왔다. 가장 행복한 유년의 기억 중 하나라 어느 날 친구가 딸기밭에 가자길래 신이 나서 바구니를 들고 따라나섰다가 예상치 않은 경험을 했다. 딸기가 공중에 매달려 있었다. 수경재배 딸기는 흙에서 나는 것이 아니라 공중에서 자라고 있었다. 그 딸기를 먹고 자란 세대는 '다른' 생각을 하고 있는 것이다. 다행, 이라고 나는 생각한다. 그들에게는 세상의 문제를 다르게 해결할 유전자가 내포되어 있을 것이다. 다만 이야기할 것이 너무 많을 뿐이다. 크리스퍼와 관련해서도 기후 위기와 관련해서도 새로운 윤리와 도덕이 만들어져야 하는 시대다.

  무엇을 어디까지 허용할 것인가.

  무슨 일이 있어도 끝까지 타협하지 않아야 하는 것은 무엇인가.

  국가의 경계 따위를 훌쩍 뛰어넘는 지구 법을 만드는 주체는 누구여야 하는가.

사람 이외의 종과 생명체들의 권리는 누가 대변할 수 있는가.

모든 세대와 다양한 계급과 계층, 장애를 가진 사람, 동성애자, 이주민, 아픈 사람 건강한 사람, 여성과 남성이 모두 이 문제를 이해하고 개입하여 새로운 질서를 만드는 데 동참해야 한다. 모두가 자신의 입장에서 옳다고 생각하는 것 공정하다고 생각하는 것 정의롭다고 생각하는 것에 대해 섬세하고 꼼꼼한 사고의 틀을 만들어야 한다. 바야흐로 대이야기의 시대가 되어야 하는 이유다. 잠시 한눈을 판 사이 나의 생명이 내 조카들의 미래가 '자본'과 일부 '전문가'에 의해 결정되어지는 비극을 막기 위해서는.

AI, 크리스퍼, 기후 변화, 재난, 전염병. 둘러보면 진정으로 물질이 개벽하는 시대다. 말인즉슨 낯선 세상이 열리고 있고 기존의 윤리와 도덕 따위로는 이 개벽의 시대를 살아낼 수 없다. 지금은 기존의 질서에 저항하는 시대가 아니라 새로운 시대의 질서를 만들어 내야 하는 시기다. 소여노남(남녀노소가 아니라)이 모두 참여하여 성글면서도 촘촘하게, 유연하면서도 단단하게 생각의 방향성을 만들어야 한다. 남성들과 노인들은 입을 조금 다물고 청소년들과 젊은이들과 여성들이 하고 싶은 말을 마음껏 할 수 있도록 판을 열어나갔으면 하는 바람이다. '남성' '지식인'들이 만든 세상이 붕괴하고 있으니 그 책임을 조금은 져야 하지 않는가. 소여노남의 순으로 대이야기의 시대를.

경계를 허무는 관계에 대하여
## 격 없는 우정

**1판 1쇄 발행** 2025년 11월 19일

**지은이** 어딘(김현아)
**펴낸이** 이주화

**기획편집** 임지연
**콘텐츠 개발팀** 임지연, 여수진
**콘텐츠 마케팅팀** 안주희
**본문 디자인** STUDIO 보글

**펴낸곳** ㈜클랩북스 **출판등록** 2022년 5월 12일 제2022-000129호
**주소** 서울시 마포구 어울마당로3길 5, 201호
**전화** 02-332-5246 **팩스** 0504-255-5246
**이메일** clab22@clabbooks.com
**인스타그램** instagram.com/clabbooks
**블로그** blog.naver.com/clabbooks
**페이스북** facebook.com/clabbooks

**ISBN** 979-11-93941-54-6 (03810)

- 책값은 뒤표지에 있습니다.
- 파본은 구입하신 서점에서 교환해드립니다.
- 이 책은 저작권법에 의하여 보호를 받는 저작물이므로 무단 전재와 복제를 금합니다.

> ㈜클랩북스는 독자 여러분의 책에 관한 아이디어와 원고 투고를 기다리고 있습니다.
> 책 출간을 원하시는 분은 이메일 clab22@clabbooks.com으로 간단한 개요와 취지, 연락처 등을 보내주세요.
> '지혜가 되는 이야기의 시작, 클랩북스'와 함께 꿈을 이루세요.